商业创意 III

制定标准

打造一个有国际影响力的奖项

贺欣浩 著

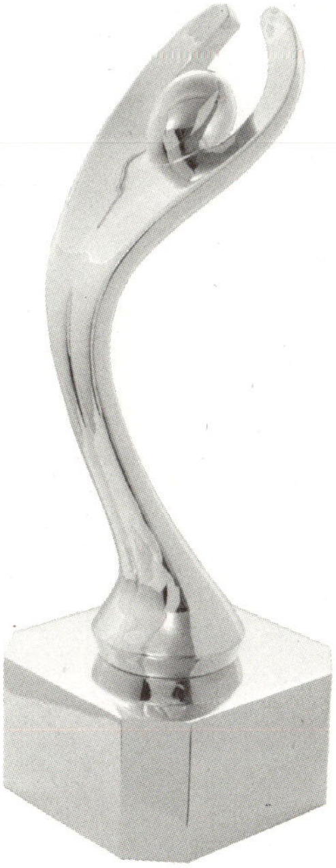

上海远东出版社

图书在版编目(CIP)数据

商业创意. Ⅲ,制定标准:打造一个有国际影响力的奖项/
贺欣浩著. —上海:上海远东出版社,2018
ISBN 978-7-5476-1232-3

Ⅰ.①商… Ⅱ.①贺… Ⅲ.①商业经营—研究 Ⅳ.①F715

中国版本图书馆 CIP 数据核字(2018)第 221731 号

策　　划 曹　建
责任编辑 程云琦
封面设计 张晶灵

商业创意Ⅲ制定标准
——打造一个有国际影响力的奖项
贺欣浩　著

出　　版 上海遠東出版社
(200235　中国上海市钦州南路 81 号)
发　　行 上海人民出版社发行中心
印　　刷 上海锦佳印刷有限公司
开　　本 710×1000　1/16
印　　张 19
插　　页 4
字　　数 273,000
版　　次 2018 年 10 月第 1 版
印　　次 2018 年 10 月第 1 次印刷
ISBN 978-7-5476-1232-3 /F·633
定　　价 98.00 元

前　言

今年是金投赏举办的第11年。在这短短的时间内，金投赏被打造成今天这个规模和影响力，我们非常感恩和幸运。法国戛纳广告奖(Cannes Lions)、德国红点设计奖(Red Dot)都有五六十年的品牌历史和沉淀，相比它们，我们很幸运能够踩着这个时代的节点借中国经济的高速腾飞，在这个领域的规模上跻身全球前列。但作为创始人，我自己非常清楚金投赏和它们的差距，有太多的地方需要虚心请教，潜心学习。本来在去年金投赏十周年的时候，我们团队计划要出一本书来回顾过去的成长之路，但我觉得我们只是比别人幸运，进入这个领域早、更专注，没有什么值得分享和骄傲的。

但过去一年多的时间，却让我改变了最初的想法。现在来金投赏交流最多的是各地政府的领导们，他们很多人主管文化创意产业推动部门，也有的来自宣传、文化、旅游等相关部门，以及管委会及其下属文化传媒机构，他们对金投赏的发展模式都非常好奇，想知道如何打造一个可持续、专业、有影响力的奖项或者峰会论坛来推动当地经济。国内外各类协会和高校也经常举办各类奖项的评比，举办峰会，发布报告，同样困扰他们的问题是如何实现可持续性发展，并依托市场化道路走出原有经营模式的瓶颈。

当然，最打动我动笔将金投赏的模式完全自愿公开分享的原因是，越来越多的中国企业走向世界，我通过历届金投赏参赛案例看到中国企业尤其在互联网、3C电子、移动支付、网络游戏，以及各类手机App方面开始慢慢引领世界，在很多方面已经参与甚至主导了全球标准。我畅想在不久的将来，中国在各行各业也将会引领全球，而相应地中国将创建和诞生更多能够在全球范围内产生有影响力的文化品牌，包括各类奖项和峰会。我将在这本书中分享我在过去十一年的时间里对于奖项和峰会的理解，以及实践的经验，如果它们能够对后人有所借鉴和启发，最终助力他们打造由中国创建的影响全球的奖项和峰会，我将备感荣幸。

本书正文由三部分组成，第一部分主要讲述我对金投赏十年来运营管理的经验，将如何把它发展成亚洲最具影响力奖项的心得分享给大家，希望能够对大家有所启发；第二部分主要聚焦商业创意行业发展，我们团队每年都会根据最近三届金投赏的参赛获奖数据，基于ROI模型理论，打造最新的代理公司及各媒体平台的排行榜单，希望能给品牌主及代理公司一些借鉴，另外还有2017年第十届金投赏评审团撰写的商业创意趋势报告和创意峰会实录的内容，供大家学习和了解当今中国商业创意环境以及代理公司行业的热门趋势；第三部分主要讲述我近几年对品牌主和代理公司之间商业创意合作关系的研究结果——“冲刺理论”，旨在如何提升品牌和代理公司之间的信任，进而提升它们的合作绩效。我觉得，无论是对商业发展还是创意行业生态，这都是非常有意义的。

本书的构思从2016年就已经开始，经过两年多时间的素材整理和更新，于2018年7月中旬完成初稿。由于时间和精力的缘故，本书中存在的不足之处还请读者多加指正。

贺欣浩

2018年9月

目　录

·第一篇·

理念经验篇

金投赏理念与发展

金投赏作为一个创意奖，是从广告业开始的。聊到这，就不得不提到行业中的一些奖项。据统计，超过一半以上的从事创意设计的广告人，这辈子一定会参加各种各样的比赛，最早可能是读书时学校组织的，然后可能是公司内部、协会、媒体等举办的比赛。在一线城市比如上海或北京，我们调研过，如果在这个行业专注了十年以上，尤其是在大型的设计公司、广告公司或者跨国公司，超过两成的人都参加过各种奖项的角逐。

奖项的价值

奖项本身也许并不创造任何价值，它是一种荣誉、一种嘉奖，获奖者获得的可能只是一纸证书或者一个奖杯，也许还有一点奖金。但请相信，对于 99.9%的获奖者来说，奖金并不重要。大家更在意的是能在众人瞩目之下、慷慨激昂的旋律中、镁光灯下、掌声中，从颁奖人手中接过奖杯或者证书的那一时刻。

奖项有个人价值。对于获奖者来说，这种虚拟产品是重要的，它是一种极有价值的精神食粮，也代表了对获奖者的认可以及无形的声誉。它能产生激励和正能量。这也是为何在有些颁奖典礼中，获奖者会因为得到这一殊荣而情不自禁地流下激动的眼泪的原因所在。

奖项也有社会价值。奖项能够促进业内人士建立信任的基石。如果把奖项当成产品，它也会有轻重、大小和影响力之别。全世界最有影响力的奖项中，科学界有诺贝尔奖，电影界有奥斯卡金像奖，体育界有奥运会的金牌和 FIFA 世界杯的大力神杯。当然，我们设计广告界也有专业奖项，那就是法国的戛纳国际创意节（Cannes Lions）、德国的红点奖（Red Dot）、英国的金铅笔奖（D&AD）、美国的艾菲奖（Effie）以及日本的 G-Mark，等等。对于我们这个行业来说，奖项也至关重要。设计师和广告人的工作中最重要的就是创意，通过这些奖项可以收集业内的创意作品。专业评选评出最优秀的创意，可以让所有设计师和广告人更高效地了解目前行业中最好的创意，或者被业内专家认可的创意，继而得到学习和启发。这种学习方式对于我们这个行业来说是非常积极有效的。当你作为雇主，需要招聘一名创意人或设计师时，仅仅从简历上是无法判断他的专业程度的；当一名设计师需要加入某家公司，该如何来判断这家公司在创意上的实力。这时奖项就是一个主要参考依据。此外，职称评定或员工进行年度考核，奖项也往往是 KPI 的内容之一。

要创建一个奖项很容易，起个名字、做一张证书即可，有时连奖杯都不用设计制作。但创建一个有影响力的奖项却很难。它需要历经时间沉淀，需要树立权威性，需要强大的影响力，需要忠实的粉丝。

创立金投赏

现在让我们来聊一聊金投赏国际创意节。2003 年我有幸参加美国、英国、德国、法国的各大行业峰会和颁奖盛典，因此我一直在思考，中国的市场如此之大，文化底蕴如此深厚，为什么中国还没有可以影响世界的行业奖项？是时候在国内创办一个和国际大奖比肩的奖项了。于是在 2008 年，我创建了金投赏。

2008 年 1 月，我首先借鉴参考了海外各大奖项，结合中国国情和行业现状，先从一个类别切入。当时我选择了广告制作产品类别，这类奖项主要颁发给影视和平面制作机构，包括导演、摄影师、修图插画师等。借助以前累积的业内人脉和资源，仅到北京、上海、广州、香港登门拜访的制作公司就超过 70 家。经过半年的推广和努力，我们征集到 900 多件作品，由 28 位评委经过 4 天评审，最终颁发出 58 个金奖。当时金投赏首次颁奖典礼在上海戏剧学院的大礼堂盛大举行，超过 1 000 人出席，为我们顺利打响了第一炮。

第二年，我们积极总结经验，结合全球行业热点和国内行业动态，增加了三个新的类别，分别是针对国际 4A 广告公司争相参赛的广告创意类别(Creative)、媒体巨头云集的广告媒介类别(Media Platform)以及彼时刚刚兴起的数字营销(Digital Marketing)。当年,参赛作品的数量增长超过1倍,最终颁发出115个金奖。

ROI Audit 模型理论

与此同时,我们开始建立金投赏自己的奖项评审理论体系——ROI Audit 评估模型。这是一套基于金投赏奖项评估模型的底层架构,奖项类别的设立和评审标准完全基于这个架构延伸发展出来。我们在做这个模型时,并没有依靠传统院校学术领域的专家和权威来搭建,而是选择基于金投赏奖项本身每年数百家公司、几千件作品的数据累积,以及最终的获奖作品,以此为依据来架构建模。当金投赏评估模型 ROI Audit 第一版出来的时候,还是非常初级,但通过后来每年数百家公司、几千件作品的数据沉淀,不断进行调整和完善。在快速迭代的发展过程中,近十年来,金投赏评估模型 ROI Audit 经历了三次较大的升级和无数次小的修正。直到今天,我们的 ROI Audit 模型不仅覆盖了市场营销的每一个环节,同时也扩展到产品创意领域。这项工作在奖项设立之初就已经启动,每一年都进行升级和更新。正是这些不为人知的付出和投入,才使得金投赏无论在专业

ROI Audit 转型的成功是团队合作的结晶

上还是学术上都经得起推敲。此外，我们又成立了金投赏商业创意研究院，并邀请到大中华区知名商学院在这一领域的权威教授，组成金投赏学术委员会，不断夯实金投赏奖项的专业地位。

金投赏成长历史

此后的几年里，我们全力推广金投赏奖项，针对的参赛客户以服务财富500强企业的代理公司为主。道理很简单，我们希望最初就能够吸引到业内顶级用户，这样就可以确保一旦金投赏的评审标准获得业界翘楚的认可，剩下的中长尾公司都会被吸引过来。市场营销方面，我们把所有有限的预算全部投入到社交媒体和高端精准的线下活动中，通过获奖案例的传播，在业内最有话语权的市场营销决策者圈中不断创造出优质口碑。

2012年6月13日对金投赏来说是一个特别的日子。通过半年多的努力和推动，金投赏在上海签约全球最大的会计师事务所普华永道(PwC)，这家为奥斯卡金像奖提供第三方计票公证的服务机构为金投赏提供同样的服务。普华永道(PwC)在中国首次为创意奖项提供这样的服务，证明了金投赏在评审流程上的公正、公开、透明，这一背书也极大地增强了金投赏的权威性。

2013年第六届金投赏国际创意节设立了产品工业设计类别，通过几年的发展，从最初每年参赛作品不足2%，发展到今天超过13%，且占比仍在逐年高速增长。

2014年第七届金投赏国际创意节首次设立海外组奖项，标志着其全球化进程的开启。目前，每年有30多个国家和地区的创意作品积极参与金投赏的角逐。

2015年第八届金投赏国际创意节开始在线直播平台的搭建，观看金投赏线上直播的人群和参加线下活动的人群比例，从当时的35∶1跃升至2016年的近100∶1，这意味着每一个创意节的线下观众对应着100个观看创意节直播的线上人群。

2017 年是金投赏国际创意节创立十周年，参赛公司从最初的不足 100 家发展至今天的 558 家。无论从参赛公司数量、递交作品数量还是每年颁奖典礼和创意节的注册数量来看，金投赏都当之无愧是亚洲最有影响力的奖项。众多指标中，只有一项在不断下降，那就是金投赏奖项的获奖比例，尤其是金奖比例。过去几年中，该指标最初为 6%左右，到此后的 5%，再到 2016 年的 2.5%，2017 年更是下降至 2%以下。我们的目标是把金投赏打造成一个富有含金量的奖项，通过稀缺性来增强其含金量。随着金投赏越来越有影响力，我相信未来获奖比例还会进一步下降。

而在 2018 年，全球经济下滑，法国戛纳创意节(Cannes lions)的作品数量下降 22%，即使在这样的环境下，金投赏依然获得 11%的增长，参赛公司共计 626 家，参赛作品共计 3 439 件。

金投赏战略思想

通过 11 年的打磨和经营，我们一直在探索和发掘的，正是“如何在全球建立中国创意的标准”这一议题。金投赏之所以走到今天，有四个方面是我们一直在坚持的。

第一，坚持打造自己的标准。

绝大多数国内广告创意界耳熟能详的奖项，都是国外引进的。这些奖项先天有不足，因为其标准不是在国内制订的，在本地化的过程中受到国外标准的制约。操作上，相比引进国外的奖项标准，建立自己的标准速度更慢、耗时更长。但从长远来看，政府也更加鼓励国内本土奖项的成长和发展，进而走向世界。在标准的制订上，我们对内遵循规则化、制度化、体系化三个原则。为了兼顾速度和发展，我们在奖项创立的初期先设立规则，经过试验后慢慢制度化，包括引入第三方计票公证机构，完善流程和体系，最后才能体系化，把模型、学术、规则整合在一起。对外，我们一直强调的一句话就是，中国创意不只是在国内成功。金投赏每一年评出的奖项一定是和在法国戛纳、德国红点不一样的，中国文化孕育自己的创意风格，如果参照海外奖项的标准，那么评出来的作品就体现不了金投赏的风格。这就好比全球医学界公认最先进的是西医，但这并不影响我们对中医的自信，比如针灸、推拿这些古老的诊疗方式对于某些疾病的疗效完胜西医。西餐在很多亚洲国家广受追捧，而美味的中餐也能够风靡全球，在烹饪界占有一席之地。就像中医和中餐一样，金投赏遵循自己的风格、制定自己的标准。

第二，集中资源，专注突破。

无论是法国的戛纳、德国的红点、英国的D&AD、美国的艾菲还是日本的G-Mark，这些全球有影响力的奖项已经存在了近半个世纪，拥有非常强大的品牌、专业的团队、成熟的资源以及雄厚的公司实力。金投赏目前在各方面确实无法和它们抗衡。中国品牌华为是我们学习的榜样，其创始人任正非在华为年会的CEO致辞中表示："我们只可能在针尖大的领域里领先美国公司，如果扩展到火柴头或小木棒那么大，就绝不可能实现这种超越。"华为的未来发展一定要聚焦，要有持续不懈奋斗的"乌龟精神"。金投赏也是如此，我们应聚焦于奖项的类别。在传统的影视、平面、户外广告的类别上，很多国际奖项已经存在了几十年，我们很难在这些类别的作品上超越它们，但是我们可以把资源和精力投入到数字营销、移动营销这些新增设的类别，这些专注和聚焦为我们争取了更多的时间去收集该领域中最优秀的创意作品，从而和这些国际奖项站到同一起跑线上。另一个案例是，在海外的市场营销上，我们几乎将所有的预算全部集中在线上的社交媒体，而放弃了传统媒体，结果不到三年的时间，金投赏在Facebook上的粉丝点赞数量超越了很多有几十年历史的国际奖项，在粉丝数量和影响力上跃居全球前五大创意奖项。集中资源、专注突破是我们能够快速发展的重要原因。

第三，战术上多借鉴成熟的对手。

金投赏在发展过程中，几乎参加过全球所有国际奖项的创意节和颁奖典礼。通过借鉴和学习，帮助我们不断地发展和完善。尤其是在执行细节上，很多都是这些奖项通过几十年摸索而总结出来的，借鉴比我们独自摸索效果更好、效率更高。当然在学习借鉴的时候也要有自信和判断力，既不能盲目地一味模仿，又要不断地思考和变化。

金投赏在海外的传播阵地——在 Facebook 上的官方页面。截至 2018 年 9 月 1 日，其粉丝数量跃居全球前三

第四，战略上坚持不断迭代。

超越对手在于不断尝试探索和快速迭代。战术上可以借鉴，但战略上却不能。在短短十年的时间内，金投赏可以发展到今天，既依托于中国经济的不断崛起，也是因为自身不断创新和突破，简单地说就是快速试错、快速学习、快速修正，高效迭代发展。在创建这个奖项之前，我没有做过任何奖项的经验，也没有任何一个来自这些成熟的国际奖项中的专家和团队加入金投赏，或者给予我们指点。我们不得不在成长的道路上无数次试错，这些失败让团队学习到很多，也让执行力得到很大的提升。我们认为，所有这些尝试和失败都是有价值的，它会让你更了解你的用户、更了解这个市场，最终会质变成创新和突破。没有这些试错和迭代，就不会有今天的金投赏。

最后，我们要非常清醒地意识到和这些国际奖项的差距。在全球化进程中，我们很多中国企业都是后来者，取得的成绩也不值一提。我之所以愿意分享，是因为作为一个中国人，我希望未来我们能够一起携手推进，在全球不同的行业、不同的领域都能“建立起中国的标准”，而我们一定会全力以赴，在创意领域实现这个目标。

如何打造一个有国际影响力的奖项

奖项涉及的费用或收入

一个奖项的商业模式非常重要。当你决定创建一个奖项时，首先应该重点考虑商业模式。奖项是一个非常古老的领域，其商业模式在全球有很多可以学习借鉴和参考的地方，以下我们将从奖项常常涉及的收费或收入来加以阐述。

1. 评审费

评审费即参加评奖的费用，也叫参赛费。尤其是专业奖项，评审费是奖项商业模式的主体。在我们这个行业，国际大奖的评审费都占到40%以上。设立评审费的好处在于，可以通过参赛费来设立门槛，提高作品的质量。但对于一个新创建的奖项来说，尤其是没有看到奖项的影响力之前，评审费的执行难度非常大。

2. 获奖费

获奖费即获奖之后，获奖者必须交费才可以拿到奖项的费用。很多新兴的奖项都采用这种模式，原因是在没有颁奖之前就去收取评审费的挑战很大，倒不如不收评审费了，降低门槛。但获奖的时候须交纳获奖费，这样既容易操作，也容易被获奖者接受。

评审费和获奖费方式各有利弊，参赛收费而获奖免费是难进宽出，如果能够坚持则运作比较长远，金投赏就是这种模式。参赛免费但获奖收费则是宽进难出，在初期比较容易做起来，但是长久而言很难有持续的公信力，因为这在商业模式上是被动的，很可能造成真正有实力、优秀的公司不愿意交纳获奖费，而真正愿意交费的公司其实力并不是那么好。

3. 传播费

获奖后组委会一般会提供一些“套餐”，帮助获奖者在这个平台上进行传播。如德国红点设计奖，它每年有固定的展览，你可以付费报名参加。它每年印刷出版年鉴，你可以根据预算购买广告的页数。它还有一个常设在德国埃森的设计博物馆，可以在里面收藏展览你的作品，当然这也是按年来进行收费。最后，如果你什么都不需要，只是希望未来在对外传播上把你获得过红点奖项的这件事情印在你的宣传册或者公司网站上，那你还是要付一笔授权费才能使用他们的 logo。而在中国，很多奖项也采取类似这种模式，尤其是媒体主办的奖项，虽然获奖是免费的，但媒体和客户为了维护良好的合作机会，一般都是在获奖后再增加一波媒体的投放预算，用来传播公司获奖的消息，把它当成一个公关事件来打造。传播费也会造成短期的利益点和长期影响力的冲突。因为主办方是将“获奖＋传播”作为一个“套餐”来进行评估，如果你只是想要获奖却不想要传播的话，主办方将没有任何收入，所以在利益的驱使下，很有可能主办方会将奖项颁发给愿意为传播付费的公司。

4. 赞助费

赞助费的英文是 Sponsorship fee，是一种通过品牌赞助合作来达到合作双赢的模式。赞助费在奖项创建初期是非常重要的，因为单个客户的赞助金额相对参赛费而言要大很多。所以在很多奖项等活动中可以看到五花八门的赞助，比如说论坛赞助、晚宴赞助、派对赞助、奖项赞助。而从等级当中也可以看到有冠名赞助商、钻石赞助商、白金赞助商、金牌赞助商、银牌赞助商、铜牌赞助商，等等。其实上述不过是名号，核心的还是权益。权益的回报也会有很多分类，比如曝光类，即展示 logo，放映宣传片，邀请函、宣传册加上你的 logo，产品陈列和展示；还有体验类，即让消费者去体验产品，比如说很多家电品牌、手机或相机，希望消费者来现场去体验这些产品，又比如一些手机 App，光展示可能还不够，客户希望消费者去下载并注册成为用户，而有一些汽车公司，他们希望消费者能坐进汽车去体验他们的产品。

赞助费最大的挑战是不同产品的需求不同，很难完全标准化。但是由于金额大，很多活动、奖项在初期往往依靠一两个赞助商就能先做起来，这一点也是很重要的。在国际上做得最成功的赞助商就是奥运会的 The

Olympic Partner。这个赞助商计划将所有的权益资源集中起来，非常有限地只给到每一个行业中的一个客户，是排他性的，仅 11 个客户就给奥运会贡献了 10 亿美元以上的赞助金额。

目前国内很多奖项，绝大多数都是以赞助商作为收入主体在运营，其最大的风险是不稳定，很容易将获奖的权益和赞助商的金额进行捆绑。也就是说，很多客户有可能将获奖作为赞助的主要回报之一。而一个奖项要持续举办就不断需要经费，所以将赞助费作为主体收入的奖项，其公信力的稳定性就会受到质疑。一个成熟、成功的奖项，它的赞助费会控制在非常合适的比例，不会让它成为主办方最高的收入。金投赏一直把赞助费控制在 10%以内，而法国的戛纳创意节也是这个比例。

金投赏和百事可乐跨界合作，百事可乐为金投赏国际创意节特别定制的金色的金投赏百事可乐纪念罐陈列在现场

金投赏和百威啤酒跨界合作，在创意节现场推出极具创新和科技感的机器人调酒师，为来宾倒酒调酒

金投赏和宾利汽车跨界合作，宾利品牌“永不言最”的主题，和金投赏永远在追求下一个最具创意的作品完美契合

5. 注册费

现在奖项的全球趋势是将“奖”+“会”结合起来，就是颁奖典礼加上高峰论坛，如世界经济论坛（达沃斯）及其主办的水晶奖和全球青年领袖。戛纳创意节有狮子奖和创意峰会，金投赏国际创意节期间既有金投赏颁奖典

礼，也有全球商业创意领袖峰会，上海国际电影节也有白玉兰奖及其金爵电影论坛。这种模式的核心就是为了提升活动的效率，让人们汇聚到一个地方参加颁奖典礼之外，还让他们有更多的时间去沟通交流和互动。所以，如果只是为了某个晚上的颁奖典礼或者晚宴让很多人专程飞过去，那可能经济效益还不够高。但如果除了举办颁奖典礼之外，还有其他峰会用来交流沟通互动，待个两三天，那它便会创建出一种非常强的刚需。因此，围绕注册费便成为奖项的主要商业模式。在全球范围内，收取注册费都是一种非常重要的收入模式，主办方统筹安排颁奖、晚宴、峰会等活动，邀请嘉宾注册，参会嘉宾凭注册证参会。

6. 会员费

会员费一般出现在俱乐部或者协会的居多，因为俱乐部或者协会拥有大量会员，而奖项和峰会则成为每一年凝聚大家的重要活动。根据章程，一般每个会员会根据不同的会员等级交纳不同金额的会费，而这部分会费则用来支持举行这样的活动。如果会员费用足以覆盖举办奖项和论坛的费用，就像达沃斯论坛有超过 1 000 个会员，每年收入超过 1 亿欧元，那么完全可以可持续性地支持几个奖项，并且获得有公信力的发展。

7. 直转播权

相对大众的论坛、世界杯和奥运会，电视直转播权或者网络直转播权，销售占了主办方收入的最高部分。直转播权其实是注册费和门票的延伸，因为活动场馆的面积是有限的，座位也不能无限增加。直播或者转播，可以让几百倍于现场观众的人通过电视和网络来收看节目。全球最有影响力的电影奖奥斯卡颁奖典礼，它的直转播权独家卖给了美国 ABC 电视台，每年三个小时的颁奖典礼其转播费用超过 7 500 万美元。而 ABC 自然也不会做亏本生意，在三个小时的时间内，每 30 秒左右的广告费用就可达 200 万美元。针对行业的活动如金投赏，直转播权也是获取收入的重要组成部分，在最近三年，我们和爱奇艺合作，每届活动平均有超过 1 000 万人次收看金投赏国际创意节，相比平均线下 7 000 多人次参会高出 1 500 倍。

8. 衍生产品

当你的奖项或者活动成为一个 IP，就有机会衍生出一系列相关的产品。如最简单的T恤、帽子、笔记本、文具、吉祥物玩偶，专业奖项如出版的获奖作品集、年鉴、奖杯的复制品。但这部分收入只是非常小的辅助收入，它主要用来维护用户、粉丝关系。

9. 政府的奖励支持

政府对于平台型活动一直持非常支持鼓励的态度，不同政府部门都设有不同产业导向的支持资金，有的是支持中国品牌“走出去”，有的是支持文化创意产业发展，有的是支持中国制造、中国设计。不同的行业都有相对应的产业主管或者指导部门，每年都可以去申请相关的经费。政府支持奖励的原则是在初期进行扶持，项目成长起来后就让其发展，所以很多时候相同的项目并不能够重复申报。政府的奖励严格意义上来说并不算纯市场化收入，也不属于可持续性的稳定收入。

10. 基金会收入

诺贝尔奖是1895年根据瑞典著名化学家和企业家阿尔弗雷德·贝恩哈德·诺贝尔的遗嘱设立的基金会进而成立的奖项。而被誉为新闻领域的诺贝尔奖——由哥伦比亚大学颁发的普利策奖，则是由美国报业大亨约瑟夫·普利策在1913年将自己的财产捐献给哥伦比亚大学，由他们建立一个新闻学院，据称当时这笔高达200万美元的款项中，有约四分之一被用来设立此奖项，并成为普利策奖的基金，从1917年开始每年颁奖至今。基金会可以作为一个可持续性的收入来源，但由于资金量大，需要专人打理，通过稳健的投资回报不断实现基金增值，进而支持主办奖项。在中国，目前基金会主要还是由政府主导，民间基金会的发展才刚刚拉开序幕，相信未来这一领域会有越来越大的发展。

11. 其他收入

除了以上十类收入或费用之外，还有一些我并不特别了解的模式，我将它们统称为其他收入。

我认为任何一个奖项的创建者，在设计时都会用到以上一种或者几种模式，而且我认为，没有最好的模式，只有最适合的模式。在不同的阶段要选择最合适的模式。一般在初期，在影响力没有建立起来的时候，创建者可以依靠赞助费、传播费、政府的奖励支持，而在后期可能是会员费、参赛费、评审费，最终可能是通过直转播费和基金会收入。没有对错，这需要根据奖项当时的发展状况来定。

奖项的命名和注册

奖项的名字非常重要，因为它将是传播中出现频率最高的词，名字起得好不好关系到最终的传播效果。如果你希望打造国际化的奖项，那还需要考虑英文名字。既要考虑它的字面意思，还要考虑它的读音。还需要检索一下国内外是不是已经存在相关的奖项或者类似的奖项。

如果你起中文名字，基本上都是以“金”开头、“奖”结尾。比如金鸡奖、金马奖、金爵奖、金像奖、金曲奖。而英文名字则基本上是以 Award 或者 Prize 结尾，如 The Academy Award of Merit，通称为奥斯卡金像奖、2013年2月20日正式称为 The Oscars 的完整翻译应该是“电影艺术与科学学院奖”，诺贝尔奖的英文是 The Nobel Prize。当然这些都是广义上的命名，每个行业不同，其嘉奖鼓励的意义也不一样。所以，命名规则可以根据创始团队的需要来打造。

就像金投赏就没有遵从这套规则，而是选用“赏”来替代“奖”。我先给奖项起了一个英文名 ROI Award，ROI 是 return on investment 即投资回报率的简写；同时将每一年的颁奖典礼和创意领袖高峰论坛及其他组合成一个大型的 Festival，这就是 ROI Festival——金投赏国际创意节的由来。中文名“金投赏”来自 ROI 的翻译。“金”是五行之首，代表着最高的荣誉；“投”是“投资”的意思，来自 ROI 投资回报率的中文翻译；最后一个字用“赏”而非“奖”，因为汉字“奖”和“赏”自古以来就有合成叫“奖赏”的词组，这是一个特别美好的词组。既然“奖”和“赏”都来自中国传统文化，作为中国文化创意行业中最先锋的力量，我希望在当下奖项云集的环境中，独树一帜地打造出自己的标准和一片天空，所以就选用了这个“赏”字。

名称确定后还有三个非常重要的步骤要考虑，就是商标的注册和域名的注册，以及奖杯的设计。

商标注册

目前中国的商标注册是在工商管理总局，注册一个商标类别非常容易，花费不到 2 000 元人民币，而且在线查询你想要的这个名字是否已经被注册了也是非常容易的。商标一共有 48 个类别，注册一个类别就需要支付一笔商标注册费用，如果你打算持续性地打造这个奖项，那几个核心的类别一定要去注册。根据国家工商总局商标局旗下的中国商标网，可以查询到德国红点设计奖、美国艾菲奖、法国戛纳创意奖在中国注册的商标类别，主要是 35 类和 41 类必选，35 类和广告企业经营相关，41 类和文化活动开展相关。如果你没有把拟确定的奖项名字注册成商标，那么未来你就缺少这个品牌的独占性。

很多人一直有一个误区，认为注册了一家公司，这家公司的名字中包含了自己希望命名奖项的名字就可以了。这其实是错误的。公司是一个经营的主体，是用来和你的客户与员工签约的对象。而商标可以包含图案和文字，作为企业知识产权的重要组成部分，它还可以进行授权和转让出售，给一家或者多家公司使用。

另外当你的企业要走向国际的时候，你还需要在不同的国家注册商标，你在中国成功注册的商标在走向其他国家时，就需要在那个市场根据那个国家的法律重新注册。所幸现在有一个更方便的办法，就是马德里商标国际注册。

马德里条约由阿尔巴尼亚、阿尔及利亚、亚美尼亚等 53 个成员国共同缔结，是《商标国际注册马德里协定》的简称。这是一份关于简化商标在其他国家注册手续的国际协定，1891 年 4 月 14 日在马德里签订，1892 年 7 月生效。马德里协定自生效以来共修改过多次，和 1989 年签署的《商标国际注册马德里协定有关议定书》(简称《马德里议定书》)构成商标国际注册马德里体系。它是针对全球商标注册和管理的解决方案，由世界知识产权组织(WIPO)国际局进行管理。商标注册只需提交一份申请，缴纳一组费用，便可在多达 117 个国家申请得到保护。通过一个集中化的系统，就可变更、续展或扩展全球商标。

金投赏也是通过马德里条约由知识产权律师代理进行全球注册的，虽然借助马德里条约，我们中国企业可以更便捷地进行全球商标注册，更快速便捷地进行全球品牌布局，但根据我们实际注册的经历，其过程之复杂、耗时之久让我们体会很深。当金投赏在 2013 年提出全球化战略时，我们希望重新设计一个商标图案进行全球注册，在注册前就要进行图案查询，如果只是在一个国家注册还比较简单，但是全世界有那么多国家，有那么多不同的语言，查询工作量就呈几何级增长。另外，就是需要不断地和各个国家、地区的商标主管机构去沟通，因为各地情况不同，有些国家可能会有和你图形相似的商标，有些地方可能是所含字母相近，都需要你非常耐心地去一一应对，有时需要抗辩，有时需要在保证核心类别的情况下放弃部分类别的权益。我们经历了三年多的时间才终于拿到了十几个核心国家和区域的商标。虽然时间很久，很麻烦，但是如果你做完了这一步，那就搭建了护城河，因为别人如果要进入这个市场，同样也需要时间去完成这些步骤。

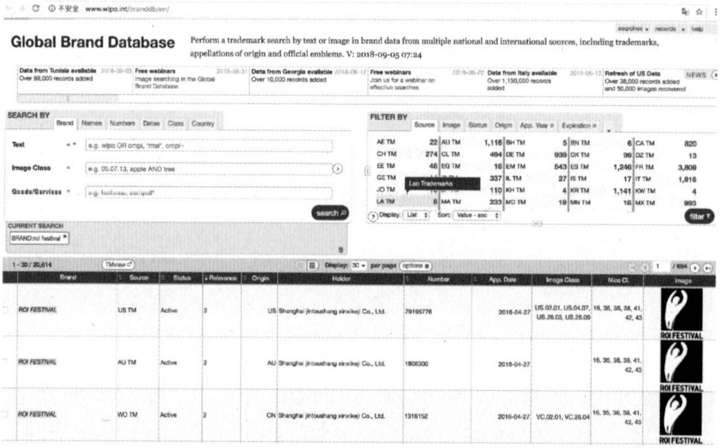

金投赏从 2015 年开始通过马德里进行全球商标注册，目前已成功获得了二十几个国家的商标

域名的注册

域名是互联网上的名片，英语为 Domain Name，是由一串用点分隔的字符组成的 Internet 上某一台计算机或计算机组的名称，用于在数据传输

时标识计算机的电子方位（有时也指地理位置）。大家最熟悉的是类似以.com、.org、.net结尾的顶级域名，也有类似以.com.cn或者.cn结尾用来表示中国境内公司或者服务的域名。域名的好处和优势在于它不像商标那样需要去每一个国家一一注册，你只要注册一个域名，按年交费，你就可以一直保有这个域名。域名不仅关系到公司的品牌形象，同时也便于未来如何高效获取流量，被各大搜索引擎收录后，让你的目标用户找到你这个源头。

域名注册我觉得要把握几个核心原则。一是一定要和你注册的商标是一致的，或者整合的。二是尽可能注册顶级域名.com，因为顶级域名的认知度最高，而且对于公司品牌形象有提升价值。三是如果你的奖项是以中国市场为主，可以考虑用拼音，但如果你的奖项是以全球化为目标，那就用英文。

通常奖项都是以 award、festival、prize 为结尾。金投赏用的是 roifestival，但我们将.com、.org、.net全部注册进行了品牌保护，同时我们也注册了拼音jintoushang.com。而我们进行马德里国际商标注册也是和域名一体的。

为什么域名如此重要？因为商标的注册周期很长，而且在每个国家和地区都需要重头来一遍，但域名注册非常快，网上实时交费就可以完成。从我的经验来看，目前如果要注册.com 的顶级域名，两个字母的组合以及 8 个字母以内的单词都没有了，只能自己加上一些创意来进行组合。但只要你的域名能注册下来，一般相对商标注册更加容易。

奖杯设计和专利申请

奖杯的外观设计非常重要，金投赏的奖杯是我自己设计的，因为正巧我大学的专业是艺术设计。当你要设计某个奖杯的时候，你要想象获奖者会不会在视觉上对它有一种渴望，所有获奖者愿不愿意把它放置在公司或者家中最显眼的地方。在设计奖杯的外观和造型时，最好能够融入你所设奖项的意义和内涵。比如金投赏的奖杯，外观宛如一尊正在双手向上伸展身体的人像，并巧妙地将 ROI 这三个字母置入其中：侧面看奖杯形似小写的字母 r，正面看人像的头部和身体则分别形似 o 和 i。因为早在金投赏的前身“第 3 种人传媒”在 2003 年创立之初，公司的品牌标志就已经是这样一个正在散发热情、四肢展开的人物形象。很多获奖者拿到这个奖杯时说，

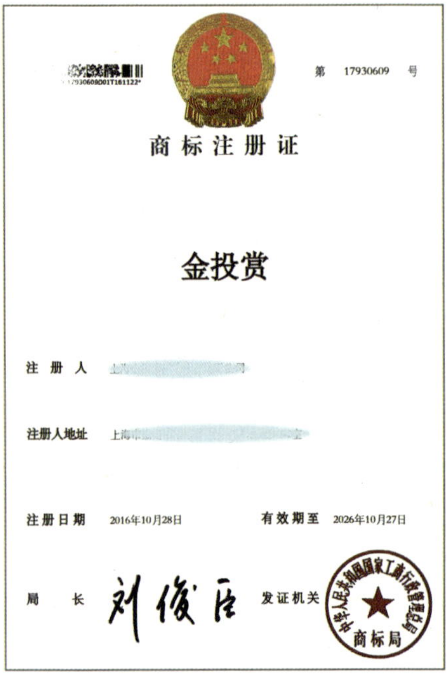

第 17930609 号

商标注册证

金投赏

注册人

注册人地址 上海

注册日期 2016年10月28日 有效期至 2026年10月27日

局 长 发证机关

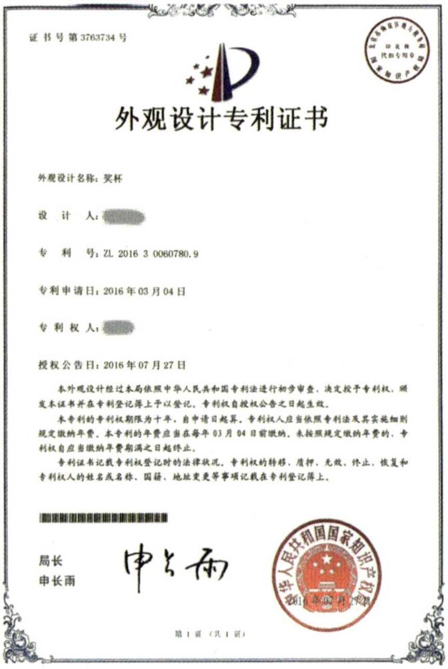

证书号第3763734号

外观设计专利证书

外观设计名称：奖杯

设 计 人：

专 利 号：ZL 2016 3 0060780.9

专利申请日：2016年03月04日

专 利 权 人：

授权公告日：2016年07月27日

本外观设计经过本局依照中华人民共和国专利法进行初步审查，决定授予专利权，颁发本证书并在专利登记簿上予以登记。专利权自授权公告之日起生效。

本专利的专利权期限为十年，自申请日起算。专利权人应当依照专利法及其实施细则规定缴纳年费。本专利的年费应当在每年03月04日前缴纳。未按照规定缴纳年费的，专利权自应当缴纳年费期满之日起终止。

专利证书记载专利权登记时的法律状况。专利权的转移、质押、无效、终止、恢复和专利权人的姓名或名称、国籍、地址变更等事项记载在专利登记簿上。

局长
申长雨

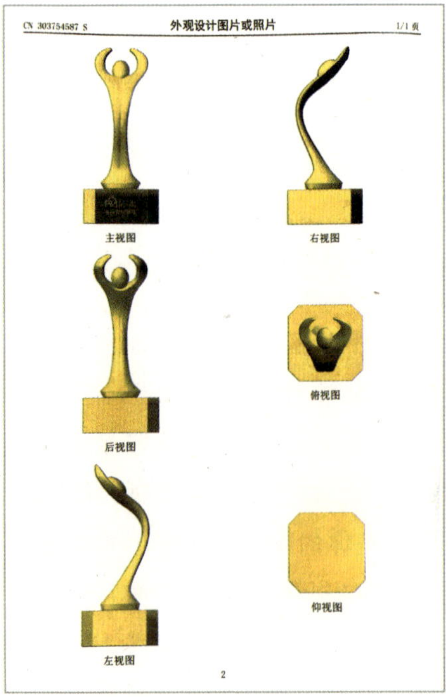

CN 303754587 S 外观设计图片或照片 1/1页

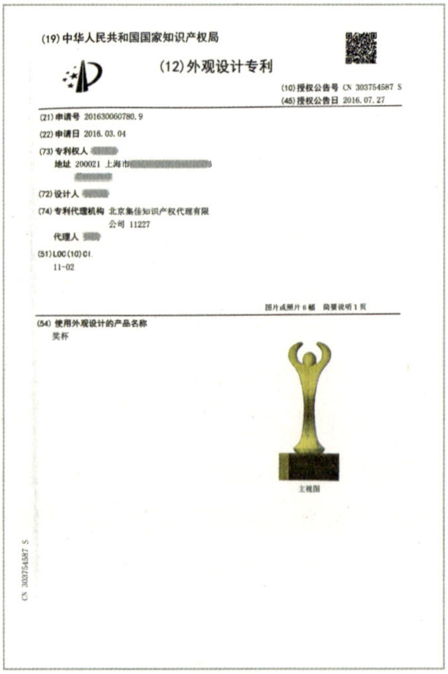

(19) 中华人民共和国国家知识产权局

(12) 外观设计专利

(10) 授权公告号 CN 303754587 S
(45) 授权公告日 2016.07.27

(21) 申请号 201630060780.9
(22) 申请日 2016.03.04
(73) 专利权人
地址 200021 上海市
(72) 设计人
(74) 专利代理机构 北京集佳知识产权代理有限公司 11227
代理人
(51) LOC (10) Cl.
11-02

图片或照片 6 幅 简要说明 1 页

(54) 使用外观设计的产品名称
奖杯

金投赏在中国的商标注册证和奖杯的外观设计专利证书

因为自己的努力获得奖赏，就像这个奖杯人像的状态，站在这个颁奖的舞台上终于可以展开双手、伸个懒腰休息一下了。通过这样的诠释和理念的传递，大家可以更加了解你的奖项的历史和内涵。

当外观设计完成后，就要考虑材质和工艺。目前生产制作技术非常发达，很多材料都被用来做奖杯，比如各类金属、琉璃、水晶，能做出非常漂亮的奖杯，但制作工艺是核心。在你的奖杯量产之前，花点时间仔细打磨一个未来能让获奖者渴望的奖杯是非常值得的。

最后就是奖杯的供应链问题。你必须核算出你要生产多少个奖杯，如果你有一个长远计划的话，那最好能算出未来两至三年你到底需要多少奖杯，这取决于你的生产成本和预算控制。理论上还是开模做奖杯比较划算，既可以保证批量生产的产品质量，在开完模具后奖杯的单位成本更经济。但如果你预计初期不需要太多的奖杯，那就要选用一个更经济的方式来做，但一定要注意控制奖杯的品质。

最后，在奖杯设计完成后，记得一定要去知识产权局申请外观设计专利。奖项在命名后进行商标注册、域名注册、申请外观设计专利，这三件事完整地构建了保护你的奖项的知识产权的壁垒，从而有可能构建出一个完整的奖项 IP。

奖项的机制设计和团队管理

设计奖项的所有权

当前述工作全部完成后，接下来就是要正式运作了。如果说知识产权可以保证你未来的奖项运作到最后能够有长远的核心竞争力和品牌价值，那么这里讲述的奖项所有权和经营权将会是你的团队能不能坚持做到最后的激励方面的关键。我在创建打造金投赏的过程中，有很多奖项的同行来向我讨教，他们共同面对的问题是当奖项经营到一定阶段时，人才和规模无法更上一个台阶，经营不可持续。过来交流的这些奖项一般都是来自以下三类：协会办的，媒体办的和高校办的。协会、媒体和高校拥有主办奖项独天独厚的优势，那就是影响力和公信力，企业相对要弱很多，尤其是在奖项的创建初期。但这三类主办方也有不足之处。

先来看协会。以前协会的会长和副会长大多是兼职的，团队中只有少数专职领导如常务副会长和秘书长。而且协会的领导到届后要换，因此奖项的长期战略很难贯彻。作为非营利机构，协会对于团队的激励机制也会有很多局限。此外，各地协会举行各类评奖活动是受限制的，因此在这种情况下，很多协会采取所有权与经营权分开的模式，为了解决人才和激励的问题，将经营权外包给某家公司，引入市场的活力把奖项做起来。

再来看高校。高校面临的问题也是和协会一样，由于非营利的性质，每年高校会做一些学术峰会、奖项评选或者报告、榜单的发布，但由于核心团队往往只有几位教授加上他们的研究生，在专业性和连续性上并不能得到很好保证。他们希望通过举办活动扩大影响力，但在实际执行中他们并不是这个领域的专家，商业化、市场化的基础还很薄弱。所以，高校也往往是扮演主办者的角色，将承办者的角色外包给企业来做。

最后来看媒体。这三者之中媒体的市场化程度是最高的，但相对协会和高校，它们的公信力会受到很多挑战。很多媒体尤其是传统出版行业的报纸和杂志，它们主办很多奖项一开始就是以盈利为目标，因为传统平面媒体的广告收入和订户都在急剧下滑，活动和奖项已经成为它们最核心的收入来源。因此，媒体在短期积极性上是非常强的，但缺少长期积极性。为何这样说？主要还是体制的原因。虽然目前经营权已经放开，但是那些承接经营权的公司就像一个个代理——反正品牌不是我的，我能实现短期目标，可以赢利就好了。

上述三者都有一个核心的问题，即因为产权限制，让经营团队缺少长期激励机制，也就没有长期规划和长期投入。就像品牌是需要长期建设的，团队是需要长期培养的，产品研发是需要长期持续投入的。因为一个奖项从创建到做起来，需要一个漫长的认知、传播过程。最短也需要 4 至 5 年的时间和投入，才有可能产生盈利。考虑到目前国内协会和高校领导的任期，让他们下决定去打造一个需要长期资金、人员投入且不能在短期内看到盈利的项目，很可能在他的任期内看不到任何成绩，还不一定百分之百成功，这是非常困难的。

所以，站在协会和高校的角度，将经营权外包确实是最好也是最安全的选择。但如果站在承接经营权公司的立场上呢？曾经有几家代理经营权的企业主和我有过很深入的交流。简单地说，他们只看短期机会，长期从不考虑。为什么呢？因为他们没有所有权，只有经营权。而且经营协议都是一年或者几年一签的，协会或者高校这么做的目的很容易理解，这是引入竞争机制，如果某家公司在合约期限内做得不够好，那下一年就会换成其他公司。

所以，这些机制会促使承包公司只看中短期利益，不会做长远规划。即使是一个长到三五年的合约，如果你做得特别差，那你就会亏损，对经营来说没有意义。但如果你做得特别好，你也会有风险，或者所有者会提高经营方面的要求，或者会有其他潜在竞争者加入。

对于以上情况，我提供几条思路供大家参考。

如果你要完全重新打造一个奖项，但希望快速获得知名度、影响力与公信力，那么跟协会、高校、媒体合作是一个不错的建议。但你要想清楚这是你的短期目标还是长期目标。如果是后者，那你一定需要考虑产权。要把它当成一个商业项目来做，因为协会和高校是非营利机构，如果和你合作、与你共有产权的话，未来将这个奖项 IP 去融资或者出售就会有很多的限制。

如果你希望将协会或者高校或者媒体现有的奖项承接过来继续发展，那在你获取经营权的同时也要考虑所有权的问题，在投入的时候就要约定好。

当然还有第三条路，也就是金投赏所走的完全依靠市场化，走专业化、国际化的路线——完全由企业来满足市场需求，并依靠产品和服务取胜。很多国际著名、有影响力的奖项的背后，都是公司甚至上市公司的背景。这条路相对前两条路不太好走，尤其是刚刚启动的时候，缺少相关权威机构来背书，市场启动慢。但如果你有耐心将产品和服务做好，不断坚持投入、打造品牌，那么到中后期反而会获得优势，也避免了所有权和经营权的问题。

这是在 2017 年 10 月 19 日金投赏颁奖典礼上，获得年度最佳媒介代理公司的传立媒体获奖团队，上台领奖的兴奋场景

相比国外拥有几十年，甚至上百年历史的奖项，我们金投赏才刚刚过十年，所以上述的方法可能在奖项的初创期非常有效。我也一直在思考和借鉴国外的成熟模式。当一个奖项从初创，到我们现在高速增长之后，一定会经历成熟期，甚至未来的衰退期。所以哪个阶段选用哪一种方式也需要在实践中不断学习和探讨。我们金投赏的使命和目标是希望未来能够走过二十年、三十年，甚至五十年，真正成为一个创建于中国、传播中国创意标准的国际化奖项。从十几年的经验来看，我觉得要实现这个目标，公众公司的形式并不合适，这需要一个长久、持续、稳定的管理团队实现。金投赏的未来更偏向以基金会及信托和社会企业的方式来达成，就像瑞典诺贝尔奖背后的基金会、美国普利策奖背后的基金会一样，但基金会、信托这一领域在中国还只是刚刚起步，未来有很多的路要走。

团队的搭建和管理建议

设计奖项的产权，有利于解决奖项长期发展的问题。接下来就要建立团队做好这个奖项。十几年的经验告诉我，运营一个奖项，并不一定需要一个很大的团队，也并不一定需要一个全职的团队。只要职责明确、分工合理，无论全职还是兼职都能够出色完成工作。

当然，如果你想可持续地去发展一个奖项的话，组建一个稳定的秘书处团队是非常有必要的。因为无论是奖项的理事、评审还是合作伙伴，随着时间的推移都会是流动的，但你的奖项是需要延续下去的。通常，一个秘书处团队由以下部门组成。

一是征集部，它负责征集所有参加奖项的作品或者案例。征集部的大小取决于有多少参赛公司或者个人，征集的周期，以及报名的复杂程度。如果参赛公司很多，而且征集的时间有限，比如只有一个月，那仅仅发送参赛资料或者电话联系就需要一个团队。而且征集是一个持续性的沟通过程，一个参赛公司或者个人接触到参赛信息只是开始，他还需要了解规则，把相关资料做成内部汇报文件。有些公司对于参加某些奖项或大赛是需要内部审批的，涉及如何报送材料，是否需要付费等。征集部有忙季与闲季，在奖项征集期和评审期直到颁奖都特别忙碌，除此之外就相对空闲。所以，在忙季招收一些兼职人员是一个不错的选择。

二是市场部，它负责奖项的征集和品牌打造，是一个全年都非常忙碌的部门。市场部的主要工作是要找到参赛的公司或者个人，向他们传播推送奖项的信息，最终让他们来参加奖项。同时，市场部也需要扩大奖项的品牌知名度，不断促进奖项的发展。市场部最重要的忙季是在征集作品时期和颁奖典礼时期，前者需要配合作品征集，不断传播参赛报名的各项事宜以及各项利益点，而后者就是传播获奖公司及其作品案例。除了这两个阶段，奖项在全年都会有重要的时间节点，如评审团的揭晓、评审会的进行、颁奖典礼的预告。全年每个月都要制造一些热度来维持与参赛目标受众的互动。同时，市场部还要管理奖项的各项媒体平台，包括官方网站、官方微博和微信公众平台，以及海外的 Facebook、Youtube、Twitter，建立自己的核心媒体圈，与有影响力的媒体和记者保持沟通。市场部还要负责品牌广告设计的各项工作，小到邀请函制作，大到颁奖典礼的创意调性设计，负责对接外部广告公司、公关公司等。

三是研发部。很多奖项组织中并没有这个部门，但我认为它是非常重要的部门。研发部其实就是负责奖项产品的研发。很多人奇怪奖项为什么还需要研发。奖项属于一个行业,行业在发展和变化,奖项自然也需要跟着变化。研发部其实是对一个奖项形成长期权威性和影响力的保证,他们研究分析历届获奖作品和案例,从中找出一些趋势与观点用来指导和影响这个行业。这也是为何全世界有影响力的奖项每年都会出版获奖作品年鉴和报告的原因。研发部也会决定来年奖项设置的增减和调整。他们需要不断地统计和分析历届参赛公司及其作品,对于不同奖项类别设置需求和满意度,甚至对当年评审团阵容进行评估,对来年评审阵容做出调整和选择。研发部是一个可以充分借助外脑的部门,由于奖项具有平台属性,这一块内容可以去和外部专业的市场研究机构、高校、智库进行合作。不过在合作中需要注意的是,研发部一定要建立起自己的研究体系,否则将无法形成自己的知识库累积。金投赏从创建开始就有自己的研发部,当时是叫产品部,负责开发自己的评审理论体系和模式。当一切成形之后,我们开始密切地和外界开展联系与合作。我们有一个内部称为商业创意研究院的机构,每年会出版 ROI Report,这是一个将过去三届业界获奖成绩作为数据进行统计分析,每年动态变化的榜单。同时我们这个部门会每年对所有参赛的作品和案例进行分析和统计,寻找这些获奖作品有哪些共

金投赏和意大利咖啡机品牌德龙跨界合作,在现场中庭为所有参会者提供最经典的意式咖啡,提升来宾体验

同点。当你开展连续性的研究时，你会发现这些变化背后的原因非常值得去挖掘。挖掘出的这些内容可以整理成报告或者榜单，无论对参赛公司还是业界，这都是极有帮助的。

四是客户部，也被称为销售部、发展部、合作部、开发部。这个部门简单地说就是负责奖项的商业化变现，无论它的名称是什么，就是负责奖项的商业化。客户部的工作一般是指开发和服务一些大的客户，如赞助商、联合主办方等。在奖项的创建初期，在很多不成熟的阶段，客户部的工作相对会很多，因为要和这些客户来商讨相关的权益和回报，在保证客户获取利益的同时，还需要平衡奖项的公正性和权威性。其实客户部的工作有两部分内容。一是设计商业回报的产品方案，这一部分很多时候也需要和研发部密切沟通，比如奖项中有哪些地方可以回报客户，有哪些权益是可以商业化的，除了平常标准化的冠名，现场播放客户商业影片、背景墙logo、颁奖人、领导开幕致辞、空间展示、夹带资料、会刊广告等，很多时候要为客户创建出一些回报，如使用体验产品，给予某个称号，而这一切都需要和客户保持密切的沟通，有一些需求可能是不切实际的，有一些则需要策划来达成。而当奖项已经成功举行了多届，商业回报的产品方案已经成熟，更多的只是告诉客户就可以了，当奖项越成熟越有影响力时，与客户的沟通过程会越简单。

二是销售方案和服务客户。通常来说奖项的客户部服务的都是大客户，尤其是在初期，这些大客户是奖项的核心主要收入来源，所以这部分的工作是非常重要的。当客户赞助合作之后，如果觉得服务不好，后续就不会继续合作，在最初几年，客户的赞助是非常重要的。客户部要做的就是找出领域中有机会和奖项开展合作的所有客户名单，要不断去开拓这些潜在客户，而对于已经合作的客户，则需要通过专业的服务去保留。

客户部的规模大小取决于有多少客户需要被开发，有多少客户和服务需要去维护。在奖项创建初期，客户部是相对比较重要的，所以很多奖项的创始人在初期都是亲自负责客户部。金投赏也是如此，在创建初期我就亲自在抓这个部门，而我们第一个最重要的合作伙伴新浪直到今天还在与我们合作。虽然金投赏只有 11 年的历史，但我们有大量合作 10 年以上的客户，伴随着我们一起走到今天。

金投赏的第一个战略合作伙伴新浪，从 2008 年开始支持金投赏至今已有 11 年。新浪首席运营官兼总裁杜红也是金投赏的五位理事之一

五是其他部门，是指有别于以上四大核心业务部门的其他支持部门，如人事部、行政部、财务部等。这些部门和其他公司中的相应部门没有太大的区别。不过由于奖项这个事业的特殊性——发展缓慢又不失持续性，所以招聘时我们要找那些热爱这个行业，成熟稳重，不是追求短期利益、立足长远的人。同时奖项是一个利他性的事业，就像金投赏一直把自己视为社会企业，所以如果要招募人才，就一定是要和这个奖项的价值观保持一致的人才。

奖项的类别设立和评审邀请

设立奖项和评审邀请既独立又不可分割。设奖很容易，就是讨论奖项颁发给谁。有的颁发给公司或企业，有的颁发给个人和团队，也有的颁发给活动或事件——表面上看只要定一个名字就行，常见的比如“最佳某某奖”“年度某某奖”“十佳某某奖”，但实际上专业设奖是一门非常重要的学问。因为每一个奖项背后都有自己的初心和使命，比如金投赏的目的是推动中国商业创意的发展。我们评比的是商业创意奖项，希望金投赏能够为这个行业树立标杆，让更多的公司借鉴到这些优秀、成功的作品和案例，帮助这些公司更好地发展，同时也激励获奖者再接再厉。在设定评审标准的时候一定要考虑市场，比如目前市场上已经有哪些奖项，它们的优势在哪里；你设立的这个奖项相比有什么不同。定位非常重要，因为随着时间推移，影响力和知名度会越来越大，但别忘记评审标准要体现你的初心和使命。

奖项设立要从以下几个角度来考虑。

第一，专业性，即你设立的这个奖项无论对于参加者还是未来的获奖者，要让他们从内心认同你这个奖项的专业性。不同的行业有不同的专业知识，如广告界、设计界、医药界、汽车界、电影界都有自己的专业性，在设立奖项分类的时候一定要考虑到它的专业性。比如汽车行业的评奖，会用到很多术语和业界习惯，如A级车指紧凑型，B级车指中型车，C级车指中大型车，所以在奖项类别定义的时候要充分考虑到这些专业分类和业界习惯，避免自创偏离这些习惯的名称来影响它的专业性。

第二，公正性。对于参加者来说，公正性非常重要，比如奖项设立得合不合理，评奖公不公平，哪些人来担任评审，评审是如何投票的，如何来评出等级奖，有没有公开监督等。公平还体现在一些类别的“照顾”上。比如电影奖中男女主角、男女配角和导演奖是最受人关注的，但如果你的目的是推动电影行业进步，那你就必须兼顾幕后的服装、美术、剪辑，以及那些相对冷门的动画片和纪录片。虽然从收视率和在线流量来看，大多数观众只会关注前面的几个大奖，但你需要公正地对待奖项的设置。

第三，参与性。每个奖项设立时都需要考虑到参与性，即多少公司或者个人会参与到你所设的这个类别中来，并有可能赢得多少个奖项。这是一门学问，要用到统计学和心理学。假设某个类别有众多参与者，但最后获奖比例太低，那第二年可能就会影响参与的积极性。但如果奖项没有太多的参与者，甚至显得这个奖专门为某个参赛公司设立，那就会影响到奖项设置的公正性。最佳的奖项设置是可以有众多的公司参与，同时又能够让参与者保持一定的积极性，即多数人参与，少数人获奖。如果是多数人参与，多数人获奖，那么奖项就没有含金量，但如果是少数人参与，少数人获奖，那么奖项又会失去影响力。这是一个需要平衡的问题。

评审们正在认真地评比作品

第四，前瞻性。作为一个需要不断发展的奖项，无论组织还是设立，都必须要考虑前瞻性，即目前这个行业中有哪些趋势，有哪些新事物。你需要非常及时地根据趋势变化对奖项的类别做不断的调整。金投赏发展了11年，我们每年都会对奖项的类别进行调整或增减，如当团购模式出现时，我们发现市场中团购作为营销是一种未来常用的手段和方式，我们就在第二年设立了团购的类别，而当直播出现的时候我们发现很多品牌开始使用直播来做营销，我们在第二年也设立了直播。而由于前几年的程序化创意，也让我们成为全球第一次设立大数据这个细分奖项的机构。这些类别也在当年为我们征集到非常优秀的作品，取得了很好的成绩。但要注意的是，前瞻性必须要结合专业性来做，一个严谨、专业的奖项机构不能太草率地去设立一个新的奖项，对内和对外一定要有非常严谨的流程，让大家知道为何你要设立这个新的奖项，其目的和意义是什么，准备怎么来进行评审等。这一切也是为了维护奖项的权威性和公正性。

第五，连续性。奖项设立还要考虑连续性，中国很多奖项在连续性方面欠缺，这也是为何中国没有发展出太多有影响力的专业奖项的原因。连续性是指你今年颁发的奖项和明年的要有连续性，但很多机构和组织者一直做得很随意。比如今年颁发了“十大成功企业”，明年却开始颁“十大人物”，后年开始颁发“十大新锐”，以至于每一年要为了迎合新的获奖者去想各种各样的名号。结果当年获奖的公司或者个人对于来年的持续性参与也没有太大兴趣，因为你已经把奖项名称修改了，这只是一个短期的荣誉称号。从专业角度来看，人物的奖项和企业的奖项一般比较难设立，因为这样的重量级的奖项很难有连续性，这些人物和企业能够成就今天的地位，都是过去历年来的成长和发展所奠定的行业影响力，如果一次性颁出十个奖项的话，第二年就一定会有难度，而第三年就办不下去了，因为你再也找不出十个候选者，该拿奖的都已经拿过了。所以，国外奥斯卡奖或者诺贝尔奖的最佳人物往往都是一个或者几个，这样可持续性就有保证，影响力就会累积。相比颁发给人物和企业，颁发给事件或者案例、作品的奖项在连续性上比较有生命力。

专业性、公正性、参与性、前瞻性、连续性，这五个部分对于奖项的设置非常重要并且它们之间彼此关联。

奖项设立之后就要确定评委阵容邀请开展工作。现在绝大多数奖项都是引入外部专家评审来评分，因为专家评审既体现权威，也会带来影响力。尤其是组建一个评审团，如果里面有若干“大牛”，那从传播上来看是非常有影响力的。专家评审还有一个好处，就是他们会帮奖项带来第一波“种子”作品，不过这也是双刃剑，如果处理不好，也有可能造成获奖的全是专家推荐的作品，而让外人觉得有内部在“分猪肉”之嫌。很多奖项在创建初期，奖项的设计和评审的邀请是同期开展的，一个好的办法是先拟定候选评审名单，在设立奖项的时候不断和这些评审沟通，让他们的智慧也可以运用到你的奖项设置中，这样候选评审名单很可能成为你的第一批评审。

其实每次邀请评审都会是非常严峻的考验，尤其是在组建评审团并且邀请评审参与的时候。你必须告知他们你的使命和意义是什么，你的奖项是如何来定义的，评审标准是什么，还有你目前已经邀请了哪些评审，哪些评审已经确认，哪些正在确认中，届时评审将会被分配在哪一组，他的角色是什么，评审团中有哪些头衔，有没有设主席、副主席或者监审主席。你一定要非常耐心地回复评审提出的问题，因为评审专家是用自己的声誉来为你这个奖项做担保的。尤其是评审专家跟你还不是特别熟悉的时候，自然他就会特别谨慎。

奖项设置和评审阵容会给参赛公司留下第一印象，从而做出是否愿意来参加你的奖项的决定，所以非常重要。如果这两方面的工作完成得不错，那就是万里长征开始了第一步，接下来就可以启动宣传，为作品征集作宣传推广了。

2017金投赏颁奖典礼现场，正在揭晓提名年度数字媒体公司名单

可持续实现商业奖项经营

奖项的市场推广

到目前为止，如果你做完上述四个步骤，那就会有一个比较好的起点，但是大部分奖项最终仍然失败，原因就是输在这里要讨论的奖项的推广。尤其是很多同行业的奖项，大家设立奖项的出发点和目标，以及评审阵容都差不多，但为何在影响力上有非常大的不同，那就是在奖项推广上分出了高下。奖项品牌虽然建立起来很漫长，但它的好处是其影响力很持久，如果你已经成为这个领域的领导者，那后来者需要花费几倍的努力才有机会赶上。而且大部分行业只能容纳前三名，如果你没有在前三之列，那后面就没有太多机会，因为参赛者的时间、精力和预算也有限。

奖项推广一定要有一个完整的计划和目标，主要包括以下内容。

第一，设定传播的短期目标和长期目标。所谓短期目标就是最终来参加你这个奖项的公司数量和作品、案例数量。为了达到这个目标，推广面向对象的数量可能会远远大于目标数量。如果有机会的话了解一下转换率，因为不是所有的目标公司百分之百都会参与，必要的话还要细化到不同地区，如北京、上海、广州、香港、台北，包括二线、三线城市。目标完成数量和计划推广数量之间有一个比例的问题，在创建初期只能依靠自己的经验和感觉去累积这方面的数据，等到后续成熟后就可以依靠数据分析来判断你要投入的时间和精力。而所谓长期目标，就是在业内产生的好感度和传播量，如在某些有影响力的媒体上发布一些新闻热点或者采访与报告，在颁奖典礼后对获奖作品大力进行报道和宣传，虽然这些形式对于短期参赛没有直接关联，但是对于奖项长期发展是有帮助的。可是我发现大部分奖项机构都没有系统的推广计划，基本上都是做几套规定性工作：一群大佬在一起开一个沟通会，今年大家都支持一下这个奖项，然后开一个发布会，一起合个影，最后在一些业内的网站、几个大佬的朋友圈发布一下就结束。坦白地说这样的形式非常有效率，其实如果只是为了收集作品，他们甚至不需要开任何发布会，但这样做将一直局限在一个非常小的圈子里，外界并不知道里面发生了什么，每一年的获奖只是局限在内部的小圈子里，这并不是市场化的推广。真正的市场化推广既要考虑到现有的资源，更要依靠吸引外界资源的积极参与。

第二，分配团队和预算及各项资源。在市场推广的时候，团队永远是不够的，预算也是。但根据我们的经验，做一个非常完整的官方网站非常有必要，因为参赛是一个非常专业、复杂的事情，每一个初次接触的目标受众需要了解非常多的信息才能判断是否参加，而且很可能同一个公司不同部门的人都会参与决策。因此建一个专业、完整的网站是必需的，在移动时代，包括 PC 端、移动端、微博和微信公众账号，有条件的入口都需要建立和占领，同时在搜索引擎入口可以做一些 SEM 优化，确保别人在搜索你的时候你可以被第一时间找到。在预算和条件允许的情况下，制作一本参赛手册是很有用的方法。虽然现在是数字时代，对于传统印刷物这类传播方式，人们越来越失去兴趣，但我在实践中，至少到 2018 年，我们还是坚持每年都会印刷参赛手册，然后邮寄给我们的目标参赛公司。当然我们也一定会发送电子版，这样会让参赛公司的负责人感觉非常舒服，因为他会觉得你们是非常严谨认真的，相对来说发送电子邮件十分容易，但如果你专门制作设计一本精美的手册，还给他寄过去，这种好感就容易建立。

另外对于一个行业的奖项而言，市场预算是非常有限的，但对于平台而言，资源确实非常丰富。如人脉资源，你可以找到很多志愿者，他们会感兴趣，觉得你们做的事情有意义，愿意加入进来协助。如媒体资源，很多媒体有闲置资源，可以通过活动置换来进行推广。如内容资源，很多研究公司和机构愿意一起分享一些有价值能带来流量的内容，以此会获得更多的人来关注。在过去几年，金投赏把非常有限的资源全部集中在评审和合作伙伴方面。我一直认为现有的合作老伙伴的价值比未来开发的新伙伴更重要。无论评审还是客户，他们在合作中与我们建立起来的信任度是非常珍贵的,所以我们每年会多次邀请这些伙伴参与活动,我们在执行细节上非常用心,包括场地的选择,流程的设计,晚宴的菜品,现场的各项体验。我一直相信要做到让他们满意才是你持续发展的动力。但是不同的行业,其游戏规则各不相同。市场推广就是去衡量你的 ROI 即投资回报率,你要清楚你投入的是什么,希望的回报是什么。如果能达到,那就证明你的奖项推广做得成功,否则就是失败。

回顾金投赏这十几年的推广,我总结起来就是两个字——“精准”。因为面向大众的传播,奖项参赛的决定人群是非常有限和窄众的,加上本身团队和预算有限,在创建初期应该把所有资源全部投入在短期收到的那些参赛作品上,尤其是好的、高质量的参赛作品。在推广过程中可能会受到很多诱惑,如一些不错的传播机会,也许目标受众匹配度不是很高,但非常有影响力,可能效果的转换有点远,也许只要花团队一点点时间和精力。在金投赏的市场团队,面对这样的机会我们全部都是放弃的,因为我们认为要“精准”地做好市场,我们还有很多可改进和提升的空间,我们的人手和预算也不是非常充足,所以当组织参加任何一个活动或者任何一个采访

现在每一个受众都是自媒体,如何让他们积极分享和传播是每一个活动组织者必须认真思考的问题

和报道，我们都会评估它会不会到达我们希望的目标受众，它可能会给我们带来多少转换量。如果预估不出来的话，那就不够精准，我们都会自动放弃。

另外，获奖作品的持续性推广也一直是金投赏市场部最重视的工作之一。可能在奖项的初期阶段，别人是因为受到评审团和媒体密集关注的影响才来参加的，但随着奖项不断发展壮大，未来业界一定是希望了解今年到底哪一些作品获得了大奖。我们可以从很多国际电影节的发展来评估它们各自的影响力，在一些新兴国家，巨大的市场可以支撑它们自己打造一个电影节。但每年在这些电影节的颁奖典礼上，组委会为了提升人气和影响力，把精力花费在邀请众多明星上，大家的目光也都是聚焦在明星上了，结果电影节沾了明星的光。而像法国戛纳电影节，它已经是一个成熟的、非常有影响力的电影节，组委会把时间、精力花在每年邀请全球最顶尖的导演把他们最好的作品拿到戛纳去首发，大家的关注度和热点也全部是今年有哪些片子会得大奖，某位明星去不去都不会影响到电影节的影响力和含金量。结果所有的明星都是主动过去沾电影节的光。这当然是由于一个奖项处在不同的阶段所采取的不同策略。金投赏已经走过了 11 年，我们目前的流量和影响力已经足够，我们已经度过需要大牌明星来为创意节撑场面的阶段，所以未来我们将在获奖作品的传播上投入越来越多的精力和时间。

刘若英（金投赏阳狮广告专场）

陈坤(金投赏网易专场)

黄渤,许戈辉(金投赏凤凰网专场)

吴秀波(金投赏网易专场)

古天乐，林志颖（金投赏百事专场）

史兆怡（金投赏芒果 TV 专场）

李治廷（金投赏网易专场）

赵又廷(金投赏华扬联众专场)

陈晓(金投赏乐视专场)

罗振宇(金投赏深圳卫视专场)

陈柏霖(金投赏电通安吉斯专场)

郑伊健，林晓峰(金投赏利欧专场)

杨洋(金投赏爱奇艺专场)

大鹏(金投赏搜狐视频专场)

陈晓(金投赏微博专场)

奖项的评审

对于奖项而言,评奖是一个富有仪式感的活动。奖项设立的初衷和评审办法在推广时都已经公布,众多公司或者个人根据你的要求也提交了作品,证明大家对于你的奖项是有期待的。你需要认真对待每一件作品,并提前告知他们组委会会什么时候举行评审,是现场评审还是网络评审,最终评审结果何时公布。

评奖环节主要分为两个环节:一是看作品来完成评分,二是根据评分来确定奖项。

看作品是一个非常耗时耗神的工作，因为每个奖项的申报材料各不相同，有 Word 文档，有 PPT，有 Excel 表格，也有视频 Video。根据我的经验，无论多么敬业的评审，如果要保证他的评审质量，那他评审的数量就一定不能太多，否则会占用大量的时间。

很多老牌的国际奖项喜欢用线下的评审模式，类似我们广告设计行业，往往需要五至七天左右时间。组委会通常会找一个酒店或者环境不错的会议室，由评审主席组织评审团成员一起来看作品，一群人一起看作品比一个人看有更多优点，当中可以分享观点，这也是一个评审互相学习的机会。但缺点就是进度很慢，因为要一群人一起来看作品，当作品量非常多的时候不太现实。另外就是现在的市场变化和节奏非常快，尤其是来自亚洲和北美的评审对效率的要求很高，并且很多评审都是用自己私人的时间来参与支持活动。这就会形成另外一个问题，一些评审可能会晚到早退，这会让整个评审团的体验非常糟糕，而且会让其他评审觉得不受尊重。一个更实际的问题是组委会承担的成本，很多国际奖项虽然并不承担评审的大交通（机票或火车），但会承担评审的食宿，还会准备一些纪念品、小礼物赠送给评审以此来感谢他们的时间投入；如果评审时间很长，那主办方承担的成本也就越高。这也是为什么很多评审活动喜欢安排在高校的原因，因为高校可以提供充足的评审场地和教室，成本相对酒店要低很多，还可以找到很多学生充当志愿者。但安排在酒店也有优势，尤其评审层次非常高时，比较国际化的奖项评审，他们对服务是有要求和挑剔的，高校无法满足这些要求。

金投赏的评审会既用过高校，也用过酒店。根据我们评审团的构成和他们的回馈，我们一直偏向使用酒店，就是为了方便和效率。

首先，酒店的好处就是会议室、宴会厅、住宿都在一起，可以节省评审宝贵的时间，而高校的教室、餐厅、住宿往往是分开的，非常不方便。

其次，酒店的服务是有保障的。我们一般选用五星级酒店作为评审场地，比如丽思卡尔顿、华尔道夫、文华东方、索菲特，这些国际品牌的品质是值得信任的，虽然价格高一点，但你不用操心酒店房间有什么问题，如前台服务员听不懂英语，茶歇的咖啡不好喝，晚宴很难吃，而且有任何需要和问题，酒店的服务人员会尽力配合和满足你。选用高校则不能有太高的期望值。

金投赏更喜欢在国际品牌的五星级酒店举行晚宴，其食物和服务上的品质稳定性更佳

一场成功的酒会需要事先充分的准备，酒店相对于高校配合度更好，虽然显性成本相对较高，但没有隐性成本。高校虽然可以用到免费的资源如教室和学生，但如果你要维持比较高的品质，可能会有隐性成本

无论是选择高校还是酒店，你最终都需要所有评审完成评分工作。讲到这里，我再提一下主办方在评审中对于评审的期望值。作为一个初创的奖项，你要非常清楚邀请评审来的目的是什么。评审能给奖项带来两项价值：一是背书，带来参奖作品和媒体的关注；二是专业，帮助组委会评选出获奖作品。

作为主办方，你要非常清楚评审到底是来帮你背书的还是贡献专业的，或者二者兼有。很多主办方其实只是需要评审来为他们的奖项背书，出于各种原因，他们只是最终参考了评审的专业。因为评审最终评出的奖项对于主办方可持续性的发展并没有太大的意义，主办方可能会在最终的奖项结果上有自己的名单和计划。这种现象非常普遍，但我个人觉得这并不可取。虽然我理解奖项的创建过程中，主办方要付出多大的努力和平衡多少利益关系，但在任何时候，评审是一个奖项最重要的资源，主办方这样做不仅不尊重评审的劳动成果，而且也会严重伤害评审的声誉，别忘记评审是用自己的声誉来为你背书的。其实很多评审比你想象的更讲究人情，他们也理解主办方的辛苦付出。我倒是觉得你可以把自己的意图直接告诉评审，但千万不要去欺骗。同时，你在对外宣传的时候，也一定要把自己

2018 年 8 月 3 日，在第三方计票公证机构普华永道 PwC 的见证下，八位评审主席对本届评选结果签字并封存，完整名单将会在 2018 年 10 月 18 日颁奖典礼揭晓

2018 年 8 月 3 日，在上海浦东文华东方酒店举行了本届金投赏总评审。图为评审大合影，所有评审根据抽签的号码进行排列

的评审过程公示出来。你的提名名单可以是由组委会选出来的，而评审只是在这个名单中选出最后的获奖作品。这样的评审方式确实会让很多严谨的评审不认可，但如果你在邀请评审的时候说清楚，他即使婉言谢绝，也会非常礼貌地和你保持关系。有很多评审并非一邀请就会答应，他很可能会观望几届。但也有一些评审愿意支持你，并接受这样的评审方式，无论对主办方还是评审来说，我觉得都是双赢。

奖项的主办方一定要在任何时候对评审保持真诚，因为只要他加入你的评审团，他们就会和你站在一起，一致对外，他们也是你的最后一道防线。今天大家看到金投赏有着相对完整规范的评审规则和办法，也是经历了一届届评审的迭代后完成的。

再回到作品的评分。金投赏的评选办法也是在不断地优化改进，不断提升评审的现场体验，让他们更科学专业地完成评审。

金投赏在 2018 年已经举办到第十一届，我们的评审依然会不断地改进和迭代。2018 年我们做了一件特别重要的事情，在业界也引起了很大的反响，就是我们首次开展对评审的培训，这也是一个奖项成长的必经之路。在奖项创建初期，你需要依靠评审的专业和经验帮助评审体系不断完善。经过 10 年的发展，金投赏在历届评审的贡献和支持下已经发展出自己的

2018 年 3 月 23 日,在第 11 届金投赏的启动仪式上,首次举行了针对本届金投赏评审的培训,并发布了《2018 金投赏评审指引 1.0》,标志着我们的评审体系和流程上升到了一个新的高度

在晚宴上,2018 金投赏四位主席代表——徐俊(WPP 中国 CEO),须聪(麦当劳中国首席市场官、副总裁),张敬鸾(阳狮媒体集团中国 CEO),李自强(Live Nation 中国主席)——作为评审代表发言,对于金投赏组委会举办评审培训,发布评审指引给予肯定和支持。关于金投赏评审指引的详细内容,请看本书的附录

风格和标准，由于每年新评审越来越多，虽然他们都非常优秀并在行业中享有盛誉，但如果你对新评审没有统一的引导和培训，那么金投赏的风格和精神会在未来不断地受到稀释，开展评审培训有助于奖项的风格和品牌塑造越来越强大。全世界成熟的奖项在后期都会借助自己独特的品牌和风格去影响新加入的评审，以保证奖项使命的传承。

奖项的颁奖典礼

我个人判断一个奖项是否成功就看一个指标：在颁奖典礼的时候，有多少人是穿着礼服站上舞台的。我们自己的奖项有过统计，从首届不到10%到第十届超过90%，从这个过程可以看到我们所有团队这十年的努力，以及所有参与者对于我们这个奖项的重视和认可。

每年获奖者都会穿得非常隆重来参加金投赏的颁奖典礼，最常见的就是男士Black Tie，女士身着华丽的礼服

颁奖典礼其实是一个特别有仪式感的活动，有颁奖、领奖、表演等环节。我们大家平常了解最多的颁奖典礼通常是电影节。金投赏的首届颁奖典礼也是学习参考美国奥斯卡奖的颁奖盛典，无论是颁奖人的出场形式，还是现场视频风格，获奖感言的字数限制，等等。但随着经验的累积，以及行业的不同，我们也慢慢摸索出一套自己的理念和方法。

首先，作为主办方，你要想清楚这个颁奖典礼的目的是什么：是为了感谢奖项所有的参与者，还是要让获奖者有登台的荣誉感？是为了回报赞助商而必须办的活动，还是为了感谢评审团？还是要让媒体来报道进而扩大影响力？其实从我个人的经验来看，其中各种因素都有。我知道很多奖项也举办了很多届，但一直没有办颁奖典礼，只是举行一个简单的仪式，每年在固定的时候在奖项的官网上揭晓最终的结果。学术领域的奖项通常都是如此，我觉得这也非常好。颁奖典礼是不是必要，核心就在于参加奖项的这群人会不会在意。因为通常颁奖典礼是一个回馈性的活动，并非追求盈利的活动。如果主办方的目的是一届一届地做下去，传递其希望坚持的使命，但如果其奖项的支持者不介意，又没有赞助商强求，那颁奖典礼并不是必需的。不过金投赏所在的商业创意领域，无论创意人还是设计师，历来都非常享受登台和在镁光灯照耀下的感觉，所以我们就需要一个颁奖典礼。而且这会激励他们不断参与进来，争取登台的荣耀的那一刻。

其次，如果决定要做颁奖典礼，就一定要根据人数和时长来选择场地。通常非常严肃、正式的颁奖典礼都会选择在大剧院里进行，因为剧院环境会让来宾对穿着更重视。也有的会选择在酒店的宴会厅举办，好处是可以在颁奖典礼的同时享用晚宴。选择剧院的好处是它比较符合奖项的庄重性，主办方可以很自然地要求来宾穿礼服出席，剧院的场地也够大，通常上下两层的剧院可以坐上千人。但在剧院里办颁奖典礼对内容的挑战非常高，由于剧院座位是固定的，不像酒店有吃晚饭的地方，通常就像听音乐会和看歌剧，都是晚上 19:30 开始，提前一个小时入场，这样一来，要参加颁奖典礼的嘉宾当天下午四五点钟就要出发，除了要吃晚饭还要换衣服。还有很多人是当天直接从公司出发，可能都来不及吃晚饭。而如果在酒店里举行就不存在这个问题，通常酒店举行的都是颁奖晚宴，18:00 到场开始鸡尾酒会，到 19:30 开始入席开餐，吃了前菜和汤之后开始颁奖，然后一边颁奖一边用餐，这其间还可以在宴会厅中四处走动敬酒社交。我个人觉得在酒店举行的颁奖晚宴只适合 300 人以下参加的活动，同时在正式和庄重程度上，酒店要比剧院差很多。剧院和酒店各有利弊，就看主办方自己的选择。

宝洁全球首席品牌官毕端哲(Marc Prltchard)

再次，你要策划颁奖典礼的内容，确保所有来宾有良好的体验。金投赏一直选用剧院来做颁奖典礼，所以我们在内容策划上挑战很大，如果内容不吸引人，让这些没有用过餐的嘉宾在台下饿着肚子坐上几小时只为最后领奖的那一刻，这是非常痛苦的。而我们行业内的颁奖典礼又不一定会像电影行业的颁奖有那么多明星歌手出席，他们的表演本身就有娱乐性，这些表演也会让颁奖典礼很精彩，就像奥斯卡颁奖典礼，你除了可以看到所有明星之外，还有歌舞表演，显得好不热闹。但如果你没有这些条件的话，就必须争取在最短的时间内踏踏实实地把奖颁好。根据我们的经验，如果你的内容不是很吸引人，那台下这些人对颁奖典礼的新鲜感只能保持 90 至 105 分钟，105 分钟已经是极限，随后他们会开始烦躁不安。但如果你有很精彩、吸引人的演出和表现，那他们的承受时间可以提升到 150 至 180 分钟之间。简单地说，内容再精彩，别人也坐不住三个小时，但如果内容再普通，作为一个有礼貌的参与者——有可能是领奖者，或者是观礼者，你让他坐 90 分钟没有任何问题。所以，我们这几届的颁奖典礼都是设计在 90 分钟之内完成，让大家开开心心地领好奖，留下一个美好的记忆。

在这里，我分享一些我们举办颁奖典礼的经验。

首先，要关注那些没吃饭又特别饿的嘉宾。我们会在剧院的中庭提供一些方便大家穿着礼服也能品尝的小点心，比如小汉堡、小肉肠等，这些点心做成一串，嘉宾可以一口一个。肚子不饿了，自然他们会更有耐心。

其次，我们会提前告知颁奖流程和时间表，让大家对整个颁奖时间有一个预期。很多人的焦虑来自未来的不确定，如果你将所有确定的东西让这些人知道，他们就会有安全感。

第三，主持人非常重要，对于一个专业奖项，颁奖典礼可能非常枯燥，只是机械式的重复，但一个幽默的主持人对于这类颁奖典礼会加分很多。尤其是那些有脱口秀功底的主持人，会让来宾在轻松愉快的气氛中度过这 90 分钟。

每年颁奖典礼，业界都会盛装出席

金投赏颁奖典礼现场，著名主持人曹启泰

第四，宣布获奖名单尽量用VCR视频来呈现。作为专业奖项，获奖类别和获奖的公司或者个人都非常重要，但这些地方又容易出错。我们的经验是用视频来揭晓获奖者要比主持人持卡念的出错率少得多。

第五，将有限的时间尽量用在获奖作品上，减少颁奖人和获奖者的发言。我一直发现颁奖典礼的时间永远不够用，原因是颁奖者希望有时间来发表颁奖祝福，而获奖者得奖后希望有时间来发表获奖感言。但台下更多的观众其实对于他们的祝福和感言都没太大兴趣，他们是希望来看看获奖作品，以及为什么会获奖的。所以，我们在近几届的颁奖典礼上不断地压缩颁奖人和获奖者的发言，专注地将时间放在展映获奖作品上，结果大受好评。

第六，颁奖典礼结束后，一定要有可以让获奖者拍照的地方。现场要提前搭建一些有喜庆氛围的场景。

第七，在剧院外准备好一个庆祝派对，提供酒水、点心，大家会非常开心地享用。大家在剧院里只能坐90分钟，不能动也不能交流，但是领完奖之后到剧院外面的时候，大家都可以放开交流，互相道贺。我们历届的获奖者都非常喜欢这样的形式。我们经常是21:00结束颁奖典礼，然后开始派对的，最晚的会待到24:00，就一直在中庭喝酒、聊天、狂欢。当然对于主办方来说，大家如此满意我们的设计，我们自然也很高兴。

每年颁奖典礼分上下两层、一票难求

最后还有两个小小的经验分享，就是关于颁奖人的邀请和现场座位的分配。你永远会发现有人的地方就有江湖，当你的奖项越来越有影响力的时候，无论你是有意或者无意，都会引起参加者的互相比较。其中邀请颁奖人是一个特别微妙复杂的事情。你也许会经常碰到一些人主动要求担任颁奖嘉宾，对有些人还不好轻易回绝，还有一些颁奖嘉宾突然临时有事，希望换人或者派他的副手来，但你又不太愿意。金投赏一路成长也碰到过这些事情，比较有效的做法就是将这些规则事先定义清楚，并公布出来，流程上接受业界监督，并积极传播，得到更多的人对奖项的认可。

奖项活动周的打造

如果每年主办方只办一个评奖和一个颁奖，那奖项的影响力就会有限。从国内外成熟的奖项发展历程来看，它们都会慢慢延展开，在活动前做预热和推广，在活动后做巡展推广。其中最常用的办法就是将颁奖典礼升级成活动周，或者某一个“节”。金投赏 2008 年最早开始时也只有一个评奖和一个颁奖，后来我们增加了一个峰会，当时因为条件所限没有整合在一起，直到 2013 年我们把颁奖和峰会做了整合，先是两个白天做峰会，晚上进行颁奖。2014 年我们把白天的峰会发展成三天，同样是晚上进行颁奖。2015 年至今，我们每届创意节持续四天，白天是峰会，晚上是颁奖典礼。同时，在创意节周边还有一些分论坛、晚宴、派对和酒会活动。

就像我在前面讲述的一样，“奖”“会”结合已经是趋势，比如世界经济论坛（达沃斯）及其主办的水晶奖和全球青年领袖，戛纳创意节的狮子奖和创意峰会，上海国际电影节的白玉兰奖和金爵电影论坛。最核心的还是为了提升活动的效率，当人们汇聚到一个地方参加颁奖典礼，希望有更多的时间去沟通、交流、互动。只为某个晚上的颁奖典礼或晚宴让人专程飞一次，经济效益不够高。但如果除颁奖典礼之外还有其他的峰会，待个几天，那就非常值得。所以活动周的核心就是“奖”和“会”。其实每一个行业都需要存在感，都喜欢开会。虽然有人抱怨这么做浪费时间，但实际上有影响力的峰会场场爆满，一票难求。关键就是要办一个有质量的“会”。

一般的“会”都称为峰会、论坛，我参加过的所有“会”没有一个不“高端”，没有一个不“国际”，也没有一个不“领袖”。这些“会”的主题也全部集中在“趋势”“挑战”“机遇”“展望”“创新”“突破”“增长”这些万金油式的高大上的字眼。但实际上循规蹈矩是最安全的。金投赏国际创意节的峰会也称为“全球商业创意领袖峰会”，2018 年的主题是“增长下一年!”，这样命名的主要目的还是便于符合大家的认知。峰会或者论坛一般都会安排在白天，虽然现在渐渐流行“围炉夜话”，但白天开会还是主流，晚上一般是小范围的各种小“局”。

峰会和颁奖共用一个场地比较合适，这样会方便嘉宾参加和管理。从成本角度考虑，同一个场地如果租用的时间越久，单位时间的成本越低。如果舞台搭建不复杂，确实可以考虑白天的峰会和晚上的颁奖共用同一个会场，只要在当中留足时间做舞台调整即可。有的颁奖典礼可能会有演出或表演，这样就会涉及彩排，但大部分情况下这些难题是可以克服的。

如果要举办一个为期多天的峰会，并且参加的都是高端人群，那么在场地选择方面，要么在一线城市的市中心找一个周边配套非常好的酒店餐饮综合体，要么直接安排在城市外面的度假村。综合体的好处是方便，尤其是上海和北京，大家出差方便，而且当地还有业务联系与合作，城市配套好，大家对这些地方比较熟悉，很多人可以同时办很多事儿。会期很长的时候，大家因为工作忙未必全程参加，综合体方便大家进出。另外，你也不用管大家的吃住行，尤其是在晚上，如果没有特别安排，大家都会自己结成对子，吃饭喝酒谈事。但如果是拉到郊外或者其他城市的度假村，好处是显而易见的，大家就不方便随意离开了，只能待在会场，安安心心地听会。但只有去那里的人才有约束，很多日程紧张的高端人士未必会参加，出席率相比前者会低很多。另外，就算是安排在这些地方，如果你的内容质量不高，大家就真的把峰会当成度假了，会场上稀稀拉拉。此外，因为在外地大家都不太熟悉，所以主办方的接待工作更艰巨，事无巨细都要考虑。综合以上因素，主办方会评估一个适合的场地。金投赏从第五届开始就常年固定一个地方，现在是为期四天。虽然在上海的成本要比外地高很多，但是因为配套好，而且很多嘉宾都熟悉，再加上我们和活动的场地方建立起了良好的合作关系，所以我们把会场长期固定在一个地方。

接下来谈谈峰会内容的设计。全球所有的峰会都采用两种形式，即主题演讲和圆桌讨论。前者一般是有一个主题和一个讲者，通过演讲分享一个观点、案例、报告或者其他内容。而后者是有一个主持人，和嘉宾一起讨论一个主题。无论达沃斯、博鳌、戛纳，还是金投赏都是这样。如果采取主题演讲，现在的趋势是越来越精炼，以前流行的报告会要讲一两个小时，现在都没有了。因为时段就是资源，主办方当然希望在不降低品质的前提下，单位时间内能承载的嘉宾越多越好，现在比较多的是持续 30 至 45 分钟。

但我个人认为比较理想的是 15 至 20 分钟，比如美国 TED 演讲都是 18 分钟左右。现在现场演讲的环境比以前好太多了，有投影 LED 辅助演讲者来表述观点，有声音、有图像，传递信息的效率大大加强。演讲者一定要提前精心准备，考虑章节、段落、语速，这样才能够在现场取得最佳效果。在金投赏峰会上，大部分演讲者的演讲时间在 20 分钟，PPT 每家平均 22 页，会插播 2 分钟视频，在这样的情况下，所有演讲者的讲稿都是提前根据这个时间特别准备的，每一页 PPT 所用的时间和讲述的字数，视频在第几页播，多少时长，都做了特别的标注，所有精彩演讲的背后都离不开演讲者的投入。

圆桌讨论是现在论坛中比较受嘉宾和听众欢迎的形式，嘉宾相对不用做太多准备。对听众来说，演讲很多时候显得太正式、严肃，而圆桌讨论会显得相对轻松，很多被媒体热炒的"爆料"新闻常常就是从这些环节中爆出来的。主办方也喜欢圆桌讨论，因为可以在单位时间内安排更多的嘉宾参与，15 至 20 分钟时间只能安排一个演讲，但 20 至 30 分钟可以安排四至五位嘉宾开展圆桌讨论。虽然内容至上，但对于一个平台搭建者，人气和平衡是非常重要的。如果你上午和下午各有四个小时的话，倘若没有圆桌，你的嘉宾阵容都排不开。虽然圆桌讨论那么受欢迎，但现实中我发现做得好的圆桌讨论真是寥寥无几，大部分只是用了这种形式，一个人讲完换另一个人讲，显得没有很好的衔接，更别提互相交流争锋了，这都说明准备工作没有做好。这当中最重要的、往往被大部分主办方忽略的是主持人，他对整场讨论能否成功起到最关键的作用。如果圆桌讨论中的主持人表现不好，整场讨论会显得死气沉沉，台上嘉宾各不相关、互相礼让，台下听众则昏昏欲睡。在此，我给圆桌讨论主持人提出十点建议，供大家参考。

做好金投资主持人的十点建议

事先准备工作

1. 嘉宾的互相引荐

很多论坛失败的主要原因在于事先沟通很少，把有限的时间浪费在现场嘉宾的互相介绍上。如果事先能够通过邮件、电话或者见面的方式与嘉宾沟通，将嘉宾的观点、相关信息传递给参与论坛的每一个人，将会非常有益于气氛的调动。

2. 论点的准备和结论

论坛与演讲的不同在于，首先提出一个观点，嘉宾就这个观点进行深入讨论，最后在论坛结束后最好能够形成一个观点，成为本场论坛得出的结论。这样，论坛的价值将在后续的媒体报道中得到放大。

3. 流程的设计

一个专业的流程设计是必要的，否则论坛将一团糟。在活动进行时，要让每一个参与者知道它的环节和阶段。一般来说分为开场介绍阶段（主持人介绍嘉宾），论点抛出阶段（背景、意义和内容），争辩深入阶段（各方观点和补充），观点形成阶段（大家达成一个观点或者解决方案）。建议将更多的时间放在第三阶段即争辩深入阶段，这是最受欢迎的环节，也是最精彩的地方。要在有限的时间内快速过渡到这个阶段，需要各位嘉宾提前沟通。

主持人：华少（华扬联众专场）

主持人：李艾（网易专场）

主持人：竹幼婷（凤凰网专场）

主持人：袁鸣（阿里妈妈专场）

主持人:曹可凡(人民网专场)

主持人:吴宗宪(乐视专场)

主持人:张泉灵(猎豹专场)

大会建议的流程(以 30 分钟,5 位嘉宾为例)

第 2 分钟结束,主持人快速介绍所有嘉宾及其背景资料和论点。

第 6 分钟结束,每位嘉宾发表自己的观点和见解,时间控制在 1 分钟以内。然后顺利过渡到第三阶段。

第 21 分钟结束,之前的 15 分钟时间是自由沟通,每位嘉宾不断深入话题,发言最好不要超过 1 分钟,精彩发言也不能超过 2 分钟。这样人均有三至四次表述自己观点的机会。这是一个不断的过程。

第 27 分钟,用 5 分钟时间归纳总结,形成本次圆桌讨论的结论。

最后 3 分钟,如果控制得好,还可以回答一至两个现场提出的问题。

4. 准备几个好问题

针对嘉宾的特点和讨论内容,准备一些好的问题,即大家感兴趣、有争议性,带一点点尖锐但又不是无法回答的问题。可以先和嘉宾沟通。

5. 专业名词的优化翻译

不专业的翻译会让听众觉得是灾难，主办方要事先了解嘉宾在对话中用到的专业名词，列一个中外文对照表，以求最佳的同传翻译效果。

现场的工作

6. 现场前的最后一次配合与准备

所有嘉宾至少提前 60 分钟到会场，并且在休息室做最后的沟通。开场前 30 分钟，嘉宾进入会场前排，此时也可以是上一场论坛的最后 15 分钟，让嘉宾体验一下论坛的场地、观众和台上的环境。

7. 控制时间和节奏

一般来说给到圆桌嘉宾的时间都不太多，四个不同的阶段需要一步步走下去，任何一个阶段拖后就会影响到下一个阶段。如何控制时间和节奏就需要现场的执行，慢了就加快，快了后面可以轻松一点。在现场设置一个朝向主持人的屏幕，协助主持人控制时间。

8. 公平对待每一位嘉宾，让他们有发言的机会

要尽量把时间平均分配给每一位嘉宾。有些嘉宾很健谈，要及时制止。有些嘉宾比较低调，但不能忽视。可以事先约定每位嘉宾的发言时间，在讨论过程中及时提醒。甚至可以学习某些综艺节目的做法，采取如超时则暂停一轮发言那种既轻松又不会让嘉宾生气的方式。

9. 表述观点尽量用动词、名词，少用形容词、副词

台下的观众最希望看到的是精彩、智慧、专业的观点碰撞，讨论过程中要节省传递话筒的时间。

10. 现场互动的抽取与选择

好的现场互动问题会给嘉宾和听众留下深刻的印象。但如何选择问题则是一门学问。可以设置一块屏幕用作微博互动，上面罗列出所有现场提的问题，另外一块小屏幕复制微博大屏幕，让主持人来选择要回答的问题。

以上内容是我根据自身经验写给参与金投赏各伙伴邀请主持人参考的，对于提升圆桌互动的观众体验效果明显，也希望对读者有用。

在2017年金投赏国际创意节上，全球品牌行业最具标杆的企业宝洁(P&G)全球首席品牌官毕瑞哲(Marc Pritchard)来到现场。我作为东道主和主持人，在现场两百多位VIP面前对他进行采访。虽然这是一对一采访，但我采访的技巧和原则全部是遵照上文的分享，在现场获得所有嘉宾的好评。现在我将现场实录分享给大家，抛砖引玉。

主持实例：金投赏创始人对话宝洁全球首席品牌官

贺欣浩：大家晚上好，非常高兴大家参加我们主办的晚宴，也感谢今天我们邀请来的特别嘉宾。我做一个小调查，刚刚大家在金投赏峰会现场听了Marc主题演讲的朋友请举手好不好？

哇，有这么多朋友，真是精彩，也请大家为Marc鼓一下掌。特别感谢有这样一个机会，今天是我们金投赏国际创意节的第三天。这是我们在十天前临时策划的一个晚宴。Marc这次特别从美国宝洁总部飞到中国，专程为我们做这个演讲，然后我们就想是不是可以邀请他在演讲完之后，再出席晚宴和中国一些最专业又有影响力的人士进行互动呢？所以我就在我们金投赏创意领袖微信群中发了一个通知，没想到报名非常踊跃。今天现场，无论国际4A广告公司还是本土代理公司的高层，包括互联网数字媒体的最高管理者全部出现在晚宴上。原因是什么呢？就是因为在今年2月，Marc在IAB(美国互动广告局，The Interactive Advertising Bureau)年度领袖会议上做了一个当时轰动业界的演讲，关于数字媒体的虚假流量以及与代理商不透明合同，我相信这是业界都非常关注的话题。今天我们特别荣幸Marc能来到这里，我们可以跟他一起来互动。为了让大家更好地理解我的问题，我就用中文来提问，Marc用英文来回复，大家可以通过同传耳机来收听。

首先，我想问一下Marc，当时您在讨论广告欺诈和不透明这个主题时，提到某些媒介代理合同允许媒体商作为委托人，代理商可能暗中牟利，这引起了很大共鸣。我们想了解一下，这是今年2月的事情，时间已经过去了8个月，情况是不是有所改善？这次讨论是不是已经达到了您的目的？

Marc：非常感谢您的邀请，我觉得这是一个非常有意思的创意节，非常自豪能来参加，我们大家都应该为他鼓掌。

关于透明度的问题，其实这是两年前开始的一项工作，当时我们发现在第三方代理以及媒体代理合同方面，有很多流量欺诈以及不透明的问题。我们发现业界情况没有出现改善，所以接下来我们做了一个调整，现在我们可以说，几个月之后我们确实看到了一些进展。在美国，我们已经完成了大概三分之二的工作，预计在今年底完成这样一个进程。中国比全世界任何地方发展都要快，所以中国有中国速度。我们对中国的透明度有所期待，我们发现中国也做了大量的工作来增加媒体的透明度，所以说我们觉得还是很有进展的。当然未来关于提升品牌的安全度，还有很多工作要做。这是更加富有挑战性的一个方面，在UGC方面我们有很多技术方面的内容，在国内外都是一样的。但是我觉得很荣幸，大家都在努力增强透明度，增强整个上下游媒体的透明度。我觉得我们应该把资金都花在广告的创新方面，而不是浪费在不透明度这方面。

贺欣浩：感谢Marc。中国很多广告主现在都面临一个问题，和数字媒体、技术新贵谈判沟通已经不容易。就像在美国，Google 和 Facebook 几乎比它们所有的客户都大，而中国的阿里和腾讯也是行业巨头，在过去几十年很多品牌与传统媒体沟通合作的地位已大不如前，从前是客户品牌主导，现在要和媒体去积极沟通，而且现在新技术发展得那么快，是否在这个时代进入这个行业比以前会有更多的挑战？广告主是否要重新学习？很多媒体采购开玩笑说，我们原有的强势地位已经不存在了。

Marc：我觉得每个品牌都需要花很多时间去深刻了解数字媒体的生态，都需要找出数字媒体的下一步应该是什么，需要做什么样的努力和工作。根据摩尔定律，我们知道每 18 个月技术就会翻一番，技术会不断地发生更新和变化。

大多数品牌都专注于今天、现在，我们需要让这些公司知道如何去了解这些独特的客户身份，因为这才是未来所在，这才是我们未来的营销方式。以前我提到过这样一种营销方式：大规模的一对一营销才是我们品牌建设的方向。

关于沟通和谈判，我觉得最有意思的就是谷歌和 Facebook 以及百度、阿里巴巴、腾讯，随着科技的发展，它们有能力使用诸如拍卖之类各种各样的方式来进行媒体宣传，这取决于消费者怎样使用自己的时间。过去那种沟通和谈判的方式，比如媒体公司想要将所有的资金都投入到购买力方面去跟大公司谈判，其实这种做法不再有效了。虽然我们仍然可以这么做，但未来会由市场来驱动，而不是说谁有更强大的这种谈判的能力就更占优势，消费者才是最有效的驱动投资的来源。

贺欣浩：您说得对，宝洁无论在中国还是全世界都一直是最有影响力和规模的广告主之一，但是近几年新经济崛起，在投放规模和金额上被很多互联网企业、电商平台超越，在中国也是如此。APP、游戏、电商在拼命砸钱，以至于传统的 FMCG 和汽车厂商汗颜已经买不起广告了，虽然很多人心里知道他们是非理性的，但决策速度非常快。在过去几年中国市场，现象级的综艺节目中国际品牌都无缘分。我想问一下，这个阶段是否在美国也经历过，您有没有什么对策和建议给我们那些正在积极转型的广告主？

Marc：我觉得最重要的一点就是每家公司都要增强和采取这样的一个媒体透明度的规则，每家在媒体的公司都应该如此，更为重要的，这个透明度应该是一个总体的规则，因为我们应该在一个公平的市场环境当中运作，这样才可以实现我们的价值。我们现在面临的问题就是缺乏透明度，在某些地方尤为如此。这是因为没有标准的缘故，没有标准就会使得行业内出现欺诈，会出现第二方、第三方，他们有可能从中不当盈利。因此这是必须要做的一个行动，我们行业必须要有增强透明度的一个标准，这样可以推动我们增长，我们也可以进一步由此推动创新，而不是说找到一些方式只是赚钱而已，这样也可以减少浪费。

贺欣浩：过去我们一直在关注您积极地整合旗下的代理商，无论从效率还是资金使用上都取得了一定的效果。客观来说，从全世界来看，国际4A的影响力受到本土公司和数字媒体的双重夹击，在中国也是如此。尤其是反应速度，应该说比大部分客户和数字媒体公司要慢，您觉得这个现象是普遍的还是个案？这个阶段是暂时的，还是未来可能一直是这样？这会不会给小的新兴代理公司机会？作为一个成熟的国际品牌，您如果大量使用这些新兴公司，会不会带来很多的风险，对品牌主，以及代理公司尤其是小的新兴代理公司，您有没有一些建议？

Marc：好的，我可以从几个维度来回答这个问题。实际上我们感到很激动的是新技术的崛起和发展，我们也可以从电商身上学到东西，实际上有些电商平台帮助某些品牌的收入增长了40%、60%甚至70%。因此公司需要做的是适应市场的改变，这也是我们正在做的事情。在数字媒体端也是这样，我们需要自我调适，去适应微信、腾讯、谷歌、亚马逊，我想这是每个公司应该做的事情。

电视这个领域也需要创新，电视需要做得更好。实际上他们首先是被打败了，为什么呢？因为数码世界略胜一筹。而你刚才提到了一些真人秀或者综艺秀，其实这些综艺秀也做得越来越好了。所以我们也很享受，往里面投了很多钱。

贺欣浩：其实我们业界一直非常关注宝洁，我不知道您有没有关注宝洁中国，关注他们每年的品牌工作和作品。想请您结合自己的经验，客观评价一下目前在中国服务宝洁的国际和本土公司，以及媒体和技术的合作伙伴。我相信他们都有出色之处，但您觉得还有没有值得改进的地方？

Marc：在我看来，现在正发生的事情是每个人都必须要反应更快，必须要走得更快，现在小的、新兴的公司会不断地涌入，他们会做得更好，会占据市场份额，所以所有的人、所有的公司都需要移动得更快、反应得更快。我们主要做的就是在品牌上有所创新，并且按照中国速度来做得更快、反应得更快，按照以往我们在其他市场成功的经验，现在我们这个速度已经比较慢了。我们看到很多品牌，几乎所有的品类在中国都不断地增长，我们在不断地适应中国市场，竭力推出新的品牌和新的产品。

我今天也向大家展示了护舒宝还有 SK-II 也在不断增长，所以我们将不断创新并应用在电商上。我们在电商上也有数十亿元的销售额。在中国如果有 20％的增长率，只要过三到四年就会发生巨大的变化。代理商也发生了巨大的变化，以前有些代理商的反应速度太慢，我们就把他们淘汰掉了。我们看到媒介公司数量减少了，但是留下来的都是更强的，很多人才都是从香港来到了内地，他们也在以中国速度不断地反应和移动。我们看到有很多小团队在做很多的创新，以及做得更快更好，比如我们在阿里巴巴和京东也看到这些新的技术和产品，这些都有可能引领整个世界趋势。我现在看到，中国宝洁公司的很多做法，已经在引导其他国家的宝洁公司了，中国现在在很多方面都在引领世界的潮流。

贺欣浩：所以，按照您现在的说法，宝洁愿意和新的小型代理公司合作，对吧？

Marc：那当然，对我们来说无所谓呀，不论代理公司是国际型的还是当地的,我们只想要最好的。我们现在有各种合作伙伴关系。就算跟我们合作的这些国际代理公司也必须要适应中国,适应中国的独特性,这样才能够获得成功。如果他们不这么做,那么就不会获得成功,如果不理解这个市场,也不会成功。

我们宝洁团队在品牌管理上非常有经验,对于新兴代理商来说,我们可以协助他们成功,尤其是很多小型初创代理商。很多小型代理商也可以做很好的事情,比如说护舒宝就是与这些小型代理商合作的成果,无论代理商来自哪个地方,只要做得足够好就好了。

贺欣浩:我知道您非常了解中国。对于宝洁的代理商,您觉得他们有什么需要改进的地方?

Marc:其实我们的代理商越来越贴合中国节奏了,他们真的能够深入理解消费者的要求、理解中国的文化、理解中国市场的创造力、中国的节奏和速度这些都是好的方面。但仍需要改进的就是,还不够快,我们还是有太多的触点、太多复杂的地方,所以需要不断地加以稳固,然后反应速度更快。有些地方做得好,有些地方并不是那么好。其实不仅仅是中国的代理商有这个问题,宝洁本身也是这个样子,有些时候反应比较快,有些时候就没那么快了。但不管怎么说,都还是很好的。

贺欣浩:在人才方面,宝洁被誉为营销行业的黄浦军校,宝洁中国校友会也一直和金投赏合作,他们认为现在挑战最大的是未来的人才。20年前他们加入宝洁的时候,认为当时宝洁几乎把中国最优秀高校的人才囊括在内,支持了很多薪资福利和培训,而且是当时最有竞争力的公司,如此宝洁拥有今天这样的成绩。但今天这些跨国公司都不那么容易招收到最优秀的人才了,也许是因为环境复杂,也许是因为更追求短期目标,您是怎么看这个问题的?

Marc:宝洁一直使用全球最棒的人才,我们中国公司的部分同事也在现场,我爱他们当中的每一个人,我认为他们都太棒了,他们真的很有才华。事实上我们每年还是能够招到很多人来满足我们的岗位需求,能很快地招到人才。

从另一个角度来看，迄今为止我们输出了很多人才，我们把人才输送到BAT，但是BAT没有把人才输送到我们这儿，所以说这个问题可能也要问问BAT。但是不管怎么说，我想我们的同事还是在场的。实际上我在宝洁也有35年了，我想这个形式从来没有改变过，我深切地相信我们有着全球最棒的人才，就像你所说的，我们是营销行业的黄埔军校。但我们还是有较大的人才需求。我们始终要寻找最好的人才，在商业方面是保持开放的，所以说，我们总是欢迎人才加入，我们也总是想要促进人才的成长。

贺欣浩：您曾经对互联网虚假流量和不透明合同进行了很有名的批评，我相信今天你的评论也会很有名。金投赏在中国的历史很短，我原来是做广告杂志记者出身，因此入行的时候就知道所有的创意奖，但我后来发现了很多问题。目前的奖项中绝大多数客户和广告主并不愿意参加，都是广告公司非常积极，我们可以从颁奖典礼和评委中看到，全部都是创意人。此外，他们评出来的奖项和标准，甚至榜单，我都觉得好像脱离了商业。有几个全球非常有名的杂志评选的榜单，也包括中国的，每一年的Agency of the Year或者Top Hot Agency，如果是从我们的视角来看，他们的经营并不算很成功。所以，我们金投赏没有走他们的路，我们希望和商业有更紧密的结合，比方说我们绝大部分评委是来自企业营销人员，我们的类别设计也是从企业的预算出发，比如案例用的钱是来自公关预算，还是品牌预算，或者销售预算，从而知道是长中短期效果的哪一种。您在这个领域也非常久了，您能否对我们这个行业的奖项主办者以及业界同仁提一些建议？您是如何来看待目前奖项的？前一段时间爆出新闻说，法国阳狮集团在明年将会退出戛纳广告节，而全世界最大的传播集团WPP的CEO马丁爵士也称，如果戛纳广告节再这样昂贵，他们也将退出，您对此是如何评价的呢？

Marc：您提的问题都太棒了，我们认为戛纳广告节是一个很好的去处，因为它鼓励创造力，我们参加了14年，总是能够得到灵感和激励，可以说我们是最勤奋的参加者之一。我们的团队花了太多的时间努力工作，需要去接受启发,也许很多别的公司去那里是为了喝 Rose Mary 葡萄酒。但不管怎么说我们赢得了很多 Lions 奖项,我们的思维模式就是要促进商业的增长。你说得很对,有很多公司的确赢得了很多的创意奖项,但是他们的商业表现并不是那么好,所以我们总是想要把我们最佳的商业能力带到那里。至于戛纳广告节,我得说它应该回到它的本源去,它的核心有关创意,而不是其他一些活动。现在似乎变得有太多其他的活动占据和取代了它的原有核心。

我觉得金投赏做得非常棒,因为你们的注意力就是放在创造力之上、放在投资回报之上,这是很严肃的话题。而且这是非常重要的,因为行业就需要这些。这是我对金投赏的一个评价。

贺欣浩:谢谢 Marc,感谢您对金投赏的重视。最后,我们想了解一下您这次在中国参加金投赏的感受,对中国的观众、品牌领导者,以及你们的团队,还有我们这个行业的从业者给一些鼓励和祝福好吗?

Marc:中国在很多方面都有很大的机遇,尤其在营销和品牌界需要做到引领世界。中国在许多方面已经在引领世界了,我曾经在全世界跟同事谈,我跟他们说要向中国同事多学习,因为中国现在在领导全世界的很多方面,包括数据、创意、意见领袖、电商等等,我会鼓励大家继续创新、继续向前跨越,迎接下一波浪潮。以大家现在的速度进一步前进,首先很明显你们的经济已经受益了,全世界其他国家经济只能以 1%—2% 的速度增长,这说明你们的努力是有效的。

现在我发现大家也是非常富有创新能力,这让人感到非常兴奋。大家现在有机遇真正去敞开胸怀。我们会看到在越来越多的地方,你们的工作都已经得到充分的体现。我希望大家可以继续创新、持续拥有创造力,大家已经站在创新的最前沿了。

贺欣浩:特别感谢 Marc。请允许我也邀请宝洁今天到场的同仁,再次感谢 Marc 给我们带来这么精彩的分享,我们大家表示感谢。

LED还是投影

会场提供给演讲者的一般配套环境就是有播放PPT或者视频功能的投影仪或者LED，有时还会有多屏。投影仪要用高流明的，在灯光下也能够显示清楚，LED虽然成本高一些，但亮度有优势而且不用在意前面挡住光，现在越来越常用。金投赏在第八届之前全部都用投影，后来都用LED。无线翻页器、手持话筒和耳麦都要准备好，还要为高官和政要准备提词器。如果有海外嘉宾，那还要设一个同传翻译室。这些看起来简单的设备要想在实际使用过程中运行顺畅并不轻松。从金投赏的经验来看，你一定要把这些交给一个专业的团队来做，请相信我这是另外一个专业。

选用多屏还是单屏要看峰会的内容，一般单屏就是展示嘉宾PPT的内容，适合演讲时间短，而且嘉宾众多的情况下。第二块屏一般可以用来展示上台讲者的姓名和所在公司与抬头，方便台下观众和看直播的网友来了解，而金投赏有三屏，第三块屏抓取在线网友的互动和提问，我们也希望以此加强台上嘉宾的体验。

我在很多高规格的会议上都看到过因故障中断的情况，要么是声音播不出来，要么就是电脑出现故障。大多数是格式的问题，加上有Apple和PC的区别，PowerPoint和Keynote的区别，中文版和英文版的区别，Mov和mp4的区别……这些看似简单的问题一旦出现就是活动执行中的灾难。所以我们建议必须提前提交PPT，必须只使用组委会的电脑。我们会把硬件、软件、字体环境提前告诉每一个参会者。插拔电脑是最容易出状况的，所以严禁使用嘉宾自备的电脑。

嘉宾的邀请

所有主办方举办峰会，最头痛的就是邀请嘉宾这件事。

首先你要邀请重量级的嘉宾。当然，所有峰会的嘉宾都一定是重量级的，出场的先后、重要程度一般视公司的规模、职位的高低、市场的热度，以及对主办方贡献的多少来综合考虑。我们的经验是先落实其中最重要的一个或几个嘉宾，只要最重要的确定了，借此再去邀请其他人，后面的效率就会高很多。我强烈建议，在邀请嘉宾的过程中，准备工作要做充足，尤其是邀请的准备材料一定要非常细致充分，同时在沟通中要让对方感受到诚意。除了告知时间、地点、规模、演讲主题之类的信息外，金投赏还会准备听众构成的数据、历届出席的媒体名单、历届峰会的照片和视频、现场出席人数和网络收看人数的报告，以及业界对于这件事情的评价，今年的主题内容，被邀者将会在哪一个议程中，需要多长时间，和他一起的还有谁，来自什么公司并附上简历，整个创意节除此之外还有什么活动，其他几天的议题，组委会希望他什么时候到，待几天，有没有专家讲课费用，哪些活动必须出席，最早什么时候可以离开等。此外诸如机票酒店如何安排，是否有接机，到了和谁联系，可不可以带助理，最多带几位等细节都最好一次性发过去。你不用担心对方会觉得麻烦，你提供得越细就会越让对方重视，让对方觉得你是认真严谨地做事情。

著名华人企业家、宏基 ACER 创始人施振荣先生

越是高端的嘉宾，沟通起来越是要讲究效率，不用很多次但要有高质量的沟通，而且需要耐心和毅力，我很少见到一次邀请对方马上就答应的。很多嘉宾真的很忙，尤其是一些出国的日程很多提前大半年就已经安排好，一般最好提前三个月以上发出邀请，如果他没有马上回绝你，那恭喜

你，这段时间他可能没有安排出国或者长时间的出差。没有立即回绝的原因是他对你的邀请有兴趣，但邀请的分量还不够高，也许他还有几个待定的重要事情正在进行，还要等待确认。如果是这样的话，你就需要不断地跟进，但一定要注意是高质量的沟通，每一次沟通中给予他一些新的消息来加速确认，如现在你又确认了哪一些嘉宾会出席，其中有几位正好是他的好朋友，有哪些媒体确定会参加，其他嘉宾准备了什么样的内容，从而提升他参加这个活动的优先级。在短信或者邮件的结尾一定还要加上你下一次大概在什么时候会联系他，这也为你下次再“追”他确认埋下伏笔，因为你提前告知过，等你再联系他的时候，他不会反感，反而会更高效。

我在这里要重点提醒的是，对待所有邀请的嘉宾，尤其是当天同台的嘉宾，请切记一定要一视同仁，平等尊重。你不能因为有些嘉宾好说话就慢慢忽视他，也不能因为有些嘉宾要求高就给予特殊照顾。因为圈子非常小，没有不透风的墙。我们金投赏每年四天的峰会，协调沟通出席的嘉宾有100多位，除了各大公司的CEO，还有明星、艺人，对外必须所有的标准都是一致和持续性的。公平是尊重的体现，如果嘉宾觉得你对他不公平，那其实就是告诉你，你对他不尊重。明星是金投赏峰会上非常独特的风景线，但他们对接的工作量是平常嘉宾的几倍甚至十几倍，除了前面提到的细节外，还有以下问题需要考虑：有多少保安？有没有安排粉丝区？会不会有媒体采访？什么级别的媒体和记者？会不会有车去接？什么牌子的车？几成新的车？他会告诉你需要多少位助理，其中化妆费多少？服装费多少？几个头等舱？几个经济舱？几个套房？午餐要准备什么？晚餐要准备什么？其中什么是忌口，什么需要有机食物，等等。这些倒是还好，难办的是如果还有其他明星出席，那明星的经纪人就会启动紧逼模式：对外新闻稿的明星名字是如何排序的？他们的出场费多少？有没有红毯？谁先走？谁后走？谁和我们家搭？他们家有谁？他们住什么地方？对方带几个助理？他们的化妆费和服装费是多少？金投赏峰会上第一次有明星出席是在2011年，对此先前我从没有接触过，所以对接起来特别忐忑不安，尤其是对于主办方而言，一切需要控制成本，如果每一个细项增加一些成本，万一最后控制不住怎么办。但幸运的是我们碰到很多支持和帮助我

著名主持人许戈辉，从2013年开始积极参与金投赏活动，积极推动中国创意、创意公益等项目。现在为金投赏理事

著名音乐人、歌手、天使投资人胡海泉，从2011年开始积极参与金投赏活动。现为金投赏理事。2016年4月1日，胡海泉代表金投赏组委会向上海中心捐赠了金投赏纪念奖杯，被永久收藏展示在632米高，全球前三、中国最高的建筑里，代表“创意最高地，中国最高峰”

们的人，其中还有不少明星、艺人后来成为我们金投赏的好朋友，有的还担任我们的理事。一位演艺界资深人士给了我很好的建议，他说："艺人其实也是普通人，也需要尊重，同时也会被感动。和你们接触下来，发现你们在做一件非常有意义的事情，而且艺人也需要和商业结合，共同做出很好的商业创意。加上你们有很多公益的主题和内容，我相信大家都是有意愿来参加的。但是，请你一定要尊重我们，对我们公平，因为这个圈子很小，你对所有人都要一视同仁。如果别人像我们一样尊重主办方的规矩来出席，那你就热情地接待他们。但是如果对方想要破坏规矩，给你们提这样那样的条件，希望得个奖什么的，那你必须拒绝。否则你就会失去未来，久而久之就没有人信你了。"这番话对我印象深刻，并成为我们现在对外邀请嘉宾的指引——尊重、公平、专业、热情，无论是对演讲嘉宾还是评审。

嘉宾排桌

嘉宾排桌更是所有主办方要面对的难题，最难排的是 200 人规模以下的，尤其是针对高层的 VIP 晚宴。我从首届金投赏开始就不断试验，目的是提升嘉宾的现场体验。一般晚宴参加者有几类主要的人群，我们依次排序。

A：政府、协会的领导

B：主办方

C：重要伙伴

D：次重要伙伴

E：其他人

其中 A 安排相对比较容易，因为他们的级别和排序都有一套成熟的办法，比如先根据行政级别，先中央后地方，先现任后前任。协会的排序则根据协会成立的时间，这么做让大家都满意。

B 是指主办方，很多峰会有类似主办方、秘书处、主席团之类的称呼，有的也叫联合主办，还有理事会人员，这些都算是"自己人"，也就是主人。

C 和 D 包括客户、媒体、赞助商、供应商等。C 是比较重要的客人，而 D 是相对重要的客人。

E 就是以上四类之外的所有其他人。

我们的排桌经历了几个阶段，不断在优化和迭代。

第一阶段：

我们试行的排桌就是从 A 至 E，从中间到两边慢慢地展开。先是政府机构、协会的领导，然后是主办方，再是重要伙伴，接着是次重要伙伴，最后是其他人。但我们很快就发现了问题。如果是高端的 VIP 晚宴，C、D 和 E 就很难定义，这些嘉宾不喜欢被贴标签，当你用合作规模的金额以及关系远近来衡量时，很快他们就会觉得进入了一个名利场。结果当他在 C 的时候还愿意参加，但如果排在 D 或者 E，那他就不来了。

第二阶段：

除了 A 之外，我们对其他四类人全部一视同仁，他们的排桌在现场由抽签来决定。A 群体很多时候在致辞颁奖后就先行告退，从长远来看其实是给主办方减负，于是我们就把其余四类人全部安排在一起。我们通常会在晚上七点举行晚宴，宴会厅里放好桌号和座位号，门口签到的地方有一个密封的留着一个开口的箱子，抽签得到入座的座位号。这种方式得到了大家的欢迎，对于 150 人规模的晚宴，这种方式可以让 90%的高层出席，比第一种方式提升了近三倍，每一个 VIP 嘉宾都觉得自己受到了尊重。

金投赏主办的晚宴和派对深受业界喜欢，是因为我们民主、公平的机制。创始人和理事等都选择坐在最角落的位置，这给所有参与者树立起标杆，从而参加的嘉宾都会把时间和精力投入到我们真正做的事情上

第三阶段：

虽然我们通过抽签的方式决定了嘉宾的座位，但又有了新的问题。那就是体验的问题，因为座位确实是有好有差，有中间有旁边，我发现很多抽到旁边座位的人会有一点沮丧。如何让那些抽到旁边座位的人也有不错的体验呢？我们继续优化，作为B的主办方不进行抽签，直接设定在两边最差的座位。也就是说只有C、D、E来抽签，我们要把最好的东西给客人，座位也不例外，希望他们宾至如归。这种做法得到大家非常肯定的支持。后来再举办晚宴时，众多来宾纷纷礼让。久而久之，没有人再会在意这些座位的位置了。

第四阶段：

抽签分配位置确实不错，而且会让大家有惊喜，每次能认识新朋友。但这又带来另一个问题。人与人是不一样的，有的人比较开朗，有的人比较内向。如果整个晚上把两个陌生恰巧又比较内向的人抽签坐在一起，你可以想象他们是多么的无聊。所以我们又做了改进，改成每次要两个人一组来抽签。于是来宾在酒会签到的时候，可以提前约上朋友，也可以在现场找到朋友一起来抽签，每个签上有两个连在一起的座位。这样既能保证公平，又可以相对保证不太会有沉闷的气氛。到2018年，金投赏晚宴的排桌采用第四阶段的做法已经第三年了。我们还在改进，我相信很快会到第五阶段，这方面的提升和优化是永无止境的。

金投赏一直以国际化的标准选用主持人

峰会演讲顺序的管理

再来谈谈峰会演讲顺序的管理。其实我的管理逻辑是一致的，就是主办方的任何行为必须公开、透明、合理、公正。很多大会没有一个特别透明和专业的执行条例，依靠个人主观意志去调整。峰会一般碰到的问题就是会期有好几天，通常所有人都会觉得第一天比较重要，但第二天到会的就少很多。同样，上午到会的人数要比下午多。对于演讲者来说，他们最希望有一个好的出场体验。有些主办方是根据合作程度来给演讲者排序，比如根据赞助金额，上午作为主论坛，下午就是分论坛，重要程度不同其价格不同。这虽然不失为一个市场化的办法，但对于打造可持续的内容是不利的。

金投赏白天的峰会现在有四天，我们邀请的演讲伙伴几乎都是上市公司，既有中国的 BAT，也有国外的 Google、Facebook，到底是该以市值来评估还是以级别作为标准？所以我借鉴了世界杯种子选手抽签的模式。我们每年的演讲时段会提前一年进行抽签，根据抽签结果来安排。

金投赏希望打造一个公平、专业、透明的平台，对于所有接受邀请的公司，我们都平等地感谢他们的支持和付出，不希望人为地干扰具体会在四天中的哪一天、哪一场进行演讲，而是采用公平抽签的方式。

电通安吉斯中国主席李桂芬

尼尔森大中华区 CEO 严璇

Cheil 鹏泰 CEO 南龙植

阳狮媒体集团大中华区 CEO 张敬鸾

谷歌大中华销售副总裁林妤真

此举充分借鉴了国际峰会惯例——各体育赛事和金融峰会结束后在闭幕式上将预告下一届的开幕内容;同时维持了金投赏的惯例——在每年第四季度开始之际,创建一个聚集商业创意领袖的平台。根据组委会规则,每届我们将邀请一部分新的峰会伙伴,通常来自一些新模式、高增长的企业。除了吸引最优秀的国际公司参与外,组委会也越来越重视优秀本土公司的参与。

奖项合作伙伴管理

合作伙伴管理是一项系统工程,你的奖项做得越大越成功,这个系统就越复杂。大家可以参考一下世界杯、奥运会,它们对于合作伙伴的分类和定义以及回报权益是非常专业细致的。金投赏也是经历了十年的发展才整理出自己一系列的合作伙伴框架。我们的合作伙伴主要是五类,即为我们提供内容即演讲的嘉宾伙伴,为我们提供赞助的客户,为我们提供报道的媒体,为我们进行背书指导的协会和高校,为我们提供服务执行的供应商等。

目前金投赏国际创意节已经拥有金投赏创意奖、全球商业创意领袖峰会、媒体竞标会、品牌命题大赛、年轻人创意大赛、工业暨产品设计论坛、程序化广告论坛、公益创意论坛、金投赏炉边会等众多产品矩阵。我们的合作伙伴共分为五大类以及五个等级。

上海中心举办的第九届金投赏启动式

A类：战略伙伴。针对数字媒体技术公司，以及各专业领域的代理公司。选择战略伙伴主要聚焦在“内容”上。

B类：品牌伙伴。针对品牌主。选择品牌伙伴主要聚焦在“用户”上。

C类：媒体伙伴。针对内容创作者、渠道平台者。选择媒体伙伴主要聚焦在“传播”上，分为创建传播内容的伙伴和创建传播渠道的伙伴。

D类：联盟伙伴。全世界的政府相关部门、专业协会、公益组织、专业院校学术机构等。选择联盟伙伴主要聚焦在“权威”性上，分为四类：政府相关部门；专业协会；公益组织；院校学术机构。

E类：体验伙伴。为金投赏国际创意节提供产品或服务的专业公司和机构。体验伙伴是来帮助我们提升所有创意节体验的，主要聚焦在“专业”上，分为两类：专业服务体验伙伴和专业产品体验伙伴。

金投赏的等级并不是根据参与公司的规模和实力来制订的，而是依据它对金投赏国际创意节的奉献。组委会根据合作伙伴的奉献来制订回馈资源和服务，包括最高规格的颁奖荣誉、VIP晚宴邀请、创意节的四天门票、颁奖典礼邀请、现场资料展示、品牌LOGO露出等。合作伙伴的等级包括：钻石级、白金级、黄金级、白银级、青铜级。

设计奖项活动的赞助回报权益是一个不断优化迭代的过程。要考虑可复制、公平、体系化等因素。我们将在本书附录一中将金投赏的权益回报提供给大家参考，抛砖引玉。

奖项的媒体

我是做记者出身，参加过无数活动，所以对记者的需求有很强的洞察。主办方对记者的重视不是体现在会不会提供交通费，或者邀请记者所在媒体的哪一位，而是体现在活动参与中的体验和细节。简单地说，记者、编辑是来工作的，你要尽可能满足他的需求。他们的需求包括以下方面。

一是内容的需求，要提前把活动议程、背景资料、出席的嘉宾和简历发给他。专业的记者和编辑产出好的内容都需要时间，千万不要临时把你准备的材料发给他。如果需要采访，你要协助他预约到采访，你可以提供一些联系方式，提供背景信息帮助记者、编辑促成预约。你还要提供一些现场高精度的照片素材、视频片断，便于记者、编辑剪辑；还可以提供现场的同传速记，便于他们引用。你得到的获奖名单尽量第一时间发给他们，便于他们稍微能够领先一步，抢发成功。

二是环境的需求。你要考虑是否有专门为媒体准备的工作间，里面一定要有桌椅、电源，高速 wifi，简单的列印，电话采访间，专门或者共用的媒体采访区域。还要准备一些点心、饮料。每一个成功的主办方都一定有一位出色的媒体经理，他会给这些媒体创造开心的工作环境。主办方还要根据预算，尽可能提供包括出行安排的必要协助。

三是尊重的需求。我认为这是最重要的。媒体经理必须充分做好工作，提前了解媒体的背景和记者的偏好。千万不要浪费媒体和记者的时间，如果收到出刊的内容要第一时间表示感谢，并尽可能利用自身的平台去放大他们的内容。

金投赏非常重视与媒体的合作关系。我们有一个在线媒体合作平台，每一年在金投赏国际创意节都会开放给媒体注册登记。我们在后台跟踪每一位媒体的记者、编辑，除了关注媒体、个人的背景外，我们还收录过去几年合作的资料，包括出刊的内容，还会添加一些性格标注。这些工具大大增强了我们和媒体的合作关系。我们还设立了一个颁发给媒体、记者的奖项，在鼓励这个行业的同时广受欢迎。

金投赏国际创意节组委会于2016年6月首次设立“最佳商业创意内容奖”，旨在激励推动中国商业创意的内容创造者们，进而创造良好的传播和数字营销领域的报道氛围。

商业创意内容奖针对传统媒体机构、数字媒体机构、个人社交媒体、大专院校教授等。该奖项从三个维度来衡量内容作品，分别是前瞻性（权重为30%）、专业度（权重为30%）和影响力（权重为40%）。

根据内容产品的前端设计到中后期的宣传推广和营销等环节，商业创意内容奖的内容范围涵盖产品创新和市场营销两大类。产品创新类包括产品设计、工业设计、交互设计和产品创新相关的移动数字等内容；市场营销类包括广告、品牌、市场、营销等相关的移动数字等内容。

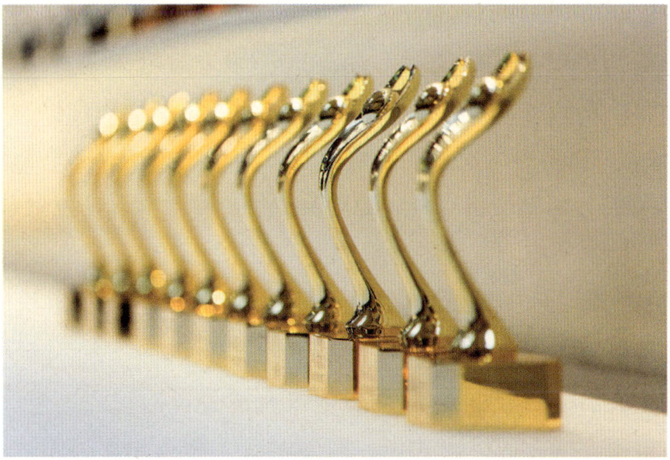

商业创意内容奖对于每一年来参与金投赏国际创意节的百家媒体，近200位记者、编辑来说是一个非常重要的时刻，因为通过我们这个平台，他们这些在幕后为推动行业发展的文字工作者，将从幕后站到前台。作为记者出身，我非常深刻地体会到在绝大多数活动中，都是由出版人、媒体销售、品牌市场的高管出席各类活动，但没有太多人会关注到一个媒体的内容是否优质却取决于这些在一线的记者和编辑们。商业创意内容奖针对内容从业人员免费开放，颁奖典礼和获奖也不需要任何费用，如读者对奖项设置等方面内容感兴趣，可以参考本书附录二。

金投赏的微信群

微信群是一个特别高效的工具，可以将一些相关的人拉到一个群里展开讨论。即使并非所有人都能够实时地发表意见，但空闲时可以了解群里的动态。打造一个奖项涉及的人员特别多，比如组委会、评审，还有合作伙伴等，构建一个高效的微信群就显得非常有必要和有价值。金投赏有一个名为“创意领袖”的微信群，建于2013年4月，目前群里已经有400多位行业大咖，还有更多的人希望加入，入群者的满意度都很高。现在很多群里，有发广告的，做微商卖货的，还有闲聊发鸡汤的，相比之下，我们的微信群真的是一股清流，因为我们有一个非常严格的群规，而且还在不断地迭代更新。

金投赏“创意领袖”微信群有一个群友服务管理委员会（简称“服管会”）。它的职责就是制订群规，执行群规。如果我们把这个群当成一个俱乐部，那服管会就是这个俱乐部的章程制订和执行机构。第一届服管会有9位成员，竭诚为群友提供服务。随着“创意领袖”微信群的发展壮大，未来服管会成员将由所有群友民主选举产生，有三个标准：一是专业（是否在行业专业上有一定的权威地位），二是奉献（入群后，是否愿意积极做出奉献），三是感恩（面对群友的奉献他是否有感恩之心）。

为保证微信群的专业性，我们规定仅邀请公司的管理决策层入群，并且充分尊重所有群友的进出选择。未来申请入群必须得到服管会多数通过。为了创建一个高效、专业、干净的微信群环境，所有群友必须尊敬群规，除服管会成员外，所有群友严禁在禁言时间发言，以免影响大家的工作和生活。每周五、周六开放发言时间为晚上21:00至次日早上7:30，其间我们一般会策划一些群友的访谈（通常是21:00—22:30）。其他的开放时间为每天00:00至次日07:30。这样在凌晨时段发言将不会打扰已经休息的群友，而早上及时结束发言又不会打扰大家工作，而有兴趣了解群中讨论内容的群友，只要早上起来稍微浏览一下聊天记录，便可充分吸收“养分”。服管会成员可以在任何时间发布以“公告”开头的内容，为群友服务。在每年元旦、除夕、圣诞节，以及4月7日建群日，群友可以在群里发红包。鼓励群友在规定的发言时间段分享一些和专业相关的案例、数据等干货。但谢绝分享任何心灵鸡汤，以及个人的人生感悟，当然也包括广告，否则会被服管会警告，一年内违规满三次就要暂时离群。保持一对多的分享和沟通，否则请私下沟通。此外，无论群友来自何处，在沟通交流时必须遵守中国的法律法规。

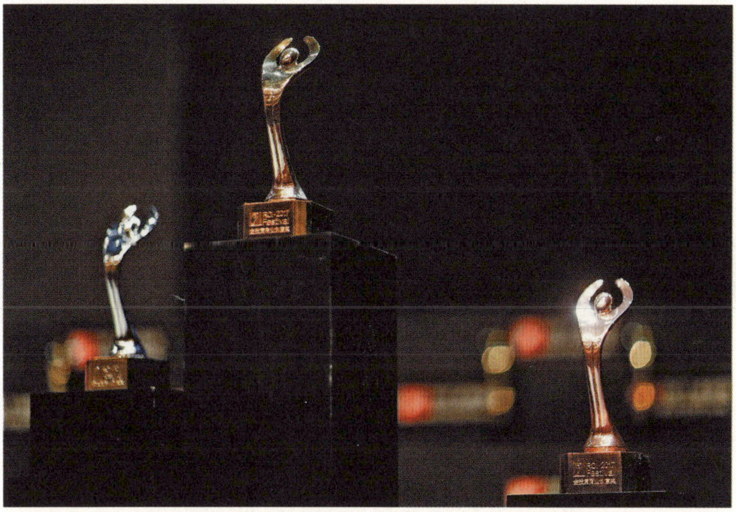

金投赏颁奖典礼舞台上的金、银、铜奖的奖杯

·第二篇·

创意趋势篇

当你的奖项有一定规模和影响力的时候，尤其是每一年的样本数量在广度和深度上都有了代表性，此时你就可以考虑做一些对行业有推动力、有影响力的报告。它不仅可以积极推动行业进步，也对长期推动奖项发展有积极作用。我们每年会根据过去连续三届金投赏所有参赛公司的获奖成绩编制 ROI Report。现在，这份报告已经成为各大品牌选择代理商的重要参考。

2018 ROI Report 商业创意排行榜

报告的亮点

ROI Report 金投赏报告是从 2012 年开始发布，至今已经第六年。最初是因为每年都有很多广告主来问询每年金投赏有哪一些公司获奖，他们都希望以此为参考，寻找到能为他们带来最具 ROI 的合作伙伴。为了客观地给予他们参考意见，我们根据过往三届金投赏的参赛及获奖成绩，根据科学的权重进行数据统计与分析，最终汇集而成这份榜单。它所代表的是在过去一段时间里，哪些公司在创意、传播领域的投资回报上被认为是最高效和最具代表性的。这份报告推出后广受好评，很多企业更是把此榜单作为企业比稿招标采购的参考，尤其是针对一些本土以及快速成长的企业而言，这也是它们可以快速判断和选择合作伙伴的工具书。我们的榜单从 2012 年至今，不断进行迭代和升级，它有以下几个特点。

一、基于 ROI Audit 为核心理念的评审模型理论基础

它是基于评审模型 ROI Audit 为理论核心的榜单，而商业创意的理论体系发展也是基于 ROI Audit。它是由金投赏完全自主创建并不断发展迭代的模型，从最早的 1.0 开始发展到现在 4.0 版本。我们用它来衡量每一个商业创意案例，从产品设计到品牌创意，从媒介计划到制作执行在各个活动环节中的关系，而 ROI Report 也是在此基础上汇编而成的。

二、样本收集的广度与深度

我们第一个报告中的榜单所用的样本是从 2008 年至 2010 年共三届金投赏参赛成绩背后的数据。这些参赛公司分别来自北京、上海、广州、香港、台湾等地区，累积超过 200 家公司背后的 4 000 多个案例。而 2018 年报告的数据样本是来自 2016 年至 2018 年三届金投赏总共近 600 家公司背后的 9 000 多件作品。这些公司涵盖了超过 95%的国际大型广告公司，以及专业、大型的本土公司，既有众多知名品牌的产品设计部门，也有许多优秀的产品设计公司；参赛公司的广告规模在数字媒体中占到整个互联网广告规模的七成以上，这表明样本具备一定的广泛性和真实性。这些参赛作品的客户和代理公司的数据都已经过核实，非常完整和真实，这保证了整个榜单中案例的代表性和可借鉴性。

三、报告分类的专业与完整

ROI Report 参照金投赏的奖项设置，分为五大类别。依据商业创意理论，首先是划分了产品创意和营销创意两个大类，同时在营销创意大类下，根据广告主的需求，主要将代理公司、传统媒体、数字媒体、制作伙伴四大类型进行分类排序；在类别上将同类型公司放在同一榜单中，并根据它们在金投赏获得的金、银、铜及提名奖的成绩来进行排序。我们也响应数字媒体时代的需求，在代理公司类中增设了搜索营销公司、移动营销公司，以及在数字媒体中增加设置在线视频、社会化媒体、广告网络、社会化营销公司、搜索引擎以及电子商务等分类。广告制作类则是非常完整的一个类别，从影视到平面都有所涉及。这些榜单可以为广告主在寻找和评估高 ROI 价值的商业创意合作伙伴时提供便利和参考。

四、榜单排名的科学与加权

ROI Report 是根据获奖公司所获得金奖、银奖、铜奖以及提名换算而得的分值相加所得的总分进行排名的。获奖成绩佳的公司在统计上有利。但金投赏考虑到此项因素，把参赛类别根据品牌所在的领域区分成不同的行业，这样，一个公司可以通过不同领域的获奖来证明其在相关领域的优势。我们同时考虑到另外一个因素，即商业创意公司的客户与人才的流动，将会直接导致作品的品质与综合能力变化。为了客观反映出参赛公司的当年成绩与历史成绩，我们将参赛公司每一年所获得的分数进行一个折算，2015 年的参赛总积分只占 25％，2016 年的总积分占 50％，2017 年的积分占 100％，如果一家公司连续三年没有参加金投赏，那它过去的成绩我们会自动清零。通过这样的加权处理，让整个榜单能更客观真实地反映上榜公司的综合实力。

五、商业创意研究院的最终审核与编辑

2017 年金投赏设立了商业创意研究院，我们会在最终形成榜单前，站在品牌的视角作最终的审核与编辑。报告榜单的基础数据虽然来自奖项的获奖成绩，但榜单的作用是为了让品牌可以更高效专业地选择到适合的公司来进行合作。由于榜单会参考三年的数据，但在现实情况中，这些公司有可能发生了并购、更名、歇业、重组、破产，所提供的服务也有可能会发生调整和改变。而我们会致力于这些数据的收集完整，并以此作为最终审核与编辑的重要参考，让最终形成的榜单避免上述的问题，从而给品牌形成良好的便利和口碑。

所以，我们相信，这个商业创意排行榜一定可以为商业创意领域的专业人士提供重要参考；我们也相信，这个榜单能够成为客观反映中国商业创意实力的判断标准。同时，我们也会持续不断地将榜单加以完善，做到更好！

贺欣浩

金投赏创始人

报告的样本

第十一届金投赏提名与金奖和往届提名与金奖数据对比

过往三届金投赏得奖数据对比						
	2016 年		2017 年		2018 年	
	第九届		第十届		第十一届	
公司数据						
总共参赛公司	471 家		558 家		626 家	
获得提名公司	242 家	51.38%	269 家	48.21%	313 家	50.00%
获得金奖公司	62 家	13.16%	39 家	6.99%	45 家	7.19%
奖项数据						
参赛作品	3 012 件		3 117 件		3 439	
提名奖	574 件	19.06%	614 件	19.70%	655 件	19.05%
金奖	78 件	2.59%	61 件	1.96%	62 件	1.80%
平均数据						
平均参赛作品数	6.39 件		5.59 件		5.81 件	
每件提名产生于	5.25 件		5.08 件		5.25 件	
每件金奖产生于	38.62 件		51.10 件		55.47 件	
每个提名公司平均获得提名数	2.37 件		2.28 件		2.09 件	
每个金奖公司平均获得金奖数	1.26 件		1.56 件		1.38 件	

数据来自：金投赏组委会，2018 年 8 月

* ROI Report 每年度的数据报告及排名，只取最近三届的金投赏参赛及获奖数据作为样本。

报告的榜单——公司排行榜

关于排名

我们每年发布的排名，均根据最近三届金投赏奖项的总分进行统计，从高到低排序，分数最高的公司名列第一，分数相同的公司排名并列，并按公司英文名称首字母顺序进行排序。若历届参赛公司在统计的三届中没有参赛记录，则取消计分和排名。排名上升与下降的对比，分为上升、下降、持平与新上榜，其中新增类别不设排名对比。

关于总分计算

我们只对最近三届的金投赏参赛与获奖成绩进行计算。根据2012年金投赏设立金、银、铜、提名奖的规则，参赛公司每获得一件全场大奖计5分，每获得一件金奖计4分，每获得一件银奖计3分，每获得一件铜奖计2分，每获得一件提名奖计1分，将分数相加得到每一届的总分，将每届总分乘以该届的权重，最新一届为100%，前一届为50%，前两届为25%，最后将三届得分相加，得到最终的总分。

一、 品牌代理公司

此类别来自金投赏代理公司组当中创意服务组的历史成绩，通过历史上金、银、铜、提名奖的成绩相加得出。此榜单主要用来衡量广告代理公司品牌创意的能力。评审标准是经营信息能否被精确传递、创意是否适合目标消费者以及在创意中能否展现品牌的DNA。

代理公司总排名

排名	公司名称			得分
1	安索帕	Isobar	Dentsu Aegis Network	69.5
2	华扬联众	Hylink	HYLINK	63.75
3	传立媒体	Mindshare	WPP	56.25
4	奥美	Ogilvy	WPP	36.75
5	星传媒体	STARCOM	Publicis Groupe	28.5
6	凯络中国	Carat China	Dentsu Aegis Network	23.25
7	杰尔广告	Cheil	Cheil	22.75
8	华邑品牌数字营销	Target-uni	KDG	20.5
9	天与空广告	Tian yu kong		19.25
10	胜加广告	SGAD+		18
11	艾特内容整合营销	@comm		17.25
11	蓝标数字	BlueFocus Digital	BlueFocus	17.25
11	天联	BBDO	Omnicom	17.25
14	180 数字技术	180.ai		16.5
14	WAVEMAKER	WAVEMAKER	WPP	16.5
16	联旭广告	ADK TAIWAN	ADK	15.75
17	实力媒体	ZENITH	Publicis Groupe	15
18	电通广告	Dentsu	Dentsu Aegis Network	14.75
19	灵思云途	Linksus Digiwork		14.25
20	环时互动	S-Lab		13.5
21	电通国华	Dentsu One	Dentsu Aegis Network	13
22	氢互动	QWOM		12
22	意类广告	Goodzilla		12
24	时趣	Social Touch		11.25
25	马马也	MATCH	LEO	11
25	氩氪集团	Arkr Group	LEO	11
27	易铭天	WDT	WPP	10.75
28	佛海佛瑞广告	FF Creative Community Shanghai		10
28	优力互动	Uniquead		10
30	伟门	Wunderman	WPP	9.75
31	阳狮广告	Publicis	Publicis Groupe	9.5
32	科翼传媒	Keyimedia	SIMEI	9

代理公司总排名

排名	公司名称			得分
33	品迪	PHD	Omnicom	8.75
34	汉威士创意	Havas Worldwide	Havas Worldwide	8.5
35	博视得中国	Posterscope China	Dentsu Aegis Network	8.25
36	联广传播集团	United Communications Group		8
36	榕智	MAX Communication		8
36	有氧	YOYA DIGITAL		8
36	蕴世	Inspire		8
40	雪芃广告	SHAPE Advertising		7.75
40	英扬传奇 & 喜邑互动	inyoung group		7.75
42	宝尊电商	BAOZUN		7.5
42	达睿思国际传播咨询	DVG	IPG	7.5
42	众成就数字传媒集团	Digitop		7.5
45	睿路传播	Reload		7.25
45	文明广告	Civilisation		7.25
47	优盟	UM	IPG	7
48	智创无限	Mconnect		6.75
49	琥珀传播	Amber Communications	LEO	6.5
49	竞立媒体	MediaCom	WPP	6.5
49	孔明科技	KONGMING		6.5
49	李奥贝纳	Leo Burnett	Publicis Groupe	6.5
49	有门互动	Neone		6.5
54	省广集团	GIMC	GIMC	6.25
54	突破传播	Blue 449	Publicis Groupe	6.25
56	电通东派广告	dentsu_TOP	Dentsu Aegis Network	6
57	多盟	DOMOB	BlueFocus	5.75
57	明思力中国	MSL China	Publicis Groupe	5.75
59	能乘	bangx		5.5
60	CCG 集团	CCG Group		5.25
60	苏豪坊	SoHo Square	WPP	5.25
62	蓝标电商	Bluefocus E-Commerce	BlueFocus	5
62	台湾电通	DENTSU TAIWAN	Dentsu Aegis Network	5
62	赞意	GoodIdea Media		5

代理公司总排名

排名	公司名称			得分
62	正璘文化	DT2		5
62	智顶互娱			5
67	二更	ergeng		4.5
67	新好耶	Allyes	SPEARHEAD	4.5
67	新意互动	CIG		4.5
70	Cheil 鹏泰	Cheil PengTai	Cheil	4.25
70	WE Marketing Group	WE Marketing Group		4.25
72	精锐媒体	SPARK FOUNDRY	Publicis Groupe	4
72	靈智廣告	Havas Taiwan	Havas Worldwide	4
72	群邑广告	GroupM	WPP	4
72	擅美广告	Creative Tastebud	HYLINK	4
72	新极现广告	X-LINE		4
72	悦普互动	YEP		4
72	智威汤逊	JWT	WPP	4
79	安布思沛	iProspect	Dentsu Aegis Network	3.75
79	维姆文化	Verawom	Dentsu Aegis Network	3.75
81	安瑞信杰	Energy Trust		3.5
81	甲乙品牌数字营销	UMCG		3.5
81	颉摩广告	KARMA		3.5
81	邑策中国	Xaxis China	WPP	3.5
85	Cheil Worldwide, HongKong	Cheil Worldwide, Hong Kong	Cheil	3
85	MRM//麦肯	MRM//McCann	IPG	3
85	VML China	VML China	WPP	3
85	昌荣传媒	Charm		3
85	飞扬广告	Flying		3
85	葛瑞	Grey	WPP	3
85	嘉年华整合营销	CARNIVO		3
85	罗德公关	Ruder Finn		3
85	巧豆传媒	CHOCO		3
85	史努克广告	SNK	BlueFocus	3
85	同立广告	UNI COMMUNICATION		3

代理公司总排名

排名	公司名称			得分
85	网迈广告	NIM Digital	Omnicom	3
85	意合众创	cocreatestudio		3
85	佐维视觉文化传媒	JV communication		3
99	ONENINE	ONENINE		2.75
99	广旭整合传播	Adk Gd	ADK	2.75
99	品众互动	Pzoom Interactive	Tianlong	2.75
99	瑞意恒动	Ever Motion		2.75
99	五斗米	Rice5	WPP	2.75
99	欣翰	DreamWorker		2.75
105	激创广告	PRO-TREND		2.5
105	力领	Adleading		2.5
105	麦肯	McCann	IPG	2.5
105	曼聚思睿	MJS		2.5
105	涛澜北广互动广告	T&BAC		2.5
105	云像数字技术	Face Touch Digital		2.5
111	电声营销	BRANDMAX Marketing	Dentsu Aegis Network	2.25
111	省广博报堂整合营销	GIMC-HAKUHODO	GIMC	2.25
111	网路基因	WEBGENE		2.25
114	DDB 中国集团	DDB China Group	Omnicom	2
114	NORMCORE	NORMCORE		2
114	Red Fuse	Red Fuse Communications	WPP	2
114	伯乐营销			2
114	淳博	Genudite		2
114	非常创意	Anomaly		2
114	光影灵动	guangyinglingdong		2
114	合力映像	hand in hand		2
114	或卅	HOTSAR		2
114	简创意空间广告	Pure Creative Space		2
114	九九互娱营销顾问	99ntc		2
114	筷子科技	Kuaizi Technology		2
114	蓝门数字营销	Bluedoor Digital	GIMC	2
114	联创达美广告	UNION DAMEI		2

代理公司总排名

排名	公 司 名 称		得分
114 迈动体育	mysim		2
114 麦肯光明	McCann Erickson	IPG	2
114 品友互动	ipinyou		2
114 三人行	3R		2
114 上思广告	M&C Saatchi aeiou	Publicis Groupe	2
114 胜思	VML Social	WPP	2
114 狮迈广告	cms3shanghai		2
114 万拓广告	VANTO Communications		2
114 微播易	Weiboyi		2
114 演镜互动	＋ing		2
114 友拓公关	UTOP		2
114 原象广告	i2mago		2
114 远誉广告	Yuanyu Radio		2
114 真传有道	GenuineCommunication		2
114 中青旅联科公关顾问	LINKAGE		2
143 爱德曼	Edelman		1. 75
143 贝立德	dentsuX Taiwan	Dentsu Aegis Network	1. 75
143 电通数码	&c.	Dentsu Aegis Network	1. 75
143 灵狮中国	Lintas		1. 75
143 派择	PageChoice	HYLINK	1. 75
143 伟达公关	Hill＋Knowlton Strategies	WPP	1. 75
143 映盛中国	Insun China		1. 75
143 域邑广告	Unique		1. 75
151 SEED UNITED	SEED UNITED		1. 5
151 超凡集团	Guru Online		1. 5
151 个灯	aBeacon		1. 5
151 汇尚网络	INnSHINE		1. 5
151 耐克	Nike	Publicis Groupe	1. 5
151 尼尔森公司	Nielsen		1. 5
151 奇思国际广告	CHEERS＋		1. 5
151 睿狮广告传播	MullenLowe China	IPG	1. 5
151 思湃广告	SparkAD Shanghai		1. 5

代理公司总排名

排名	公司名称			得分
151	悟哉市场营销策划	BRO		1.5
151	夏易网络科技	Xiayi Marketing		1.5
162	McCann & Spencer	McCann & Spencer	IPG	1.25
162	安纳特	Amnet China	Dentsu Aegis Network	1.25
162	浩腾媒体	OMD	Omnicom	1.25
162	派瑞威行	Aspiration	KDG	1.25
162	睿域营销	Razorfish	Publicis Groupe	1.25
167	.72互动			1
167	AdRich	AdRich		1
167	AI创新整合营销咨询	AI创新整合营销咨询	LEO	1
167	ASAP+	ASAP+		1
167	DCCC	DCCC	Dentsu Aegis Network	1
167	nEqual	nEqual		1
167	昂克	UNCLE		1
167	百比赫广告	BBH CHINA LIMITED	Publicis Groupe	1
167	百孚思广告		KDG	1
167	百秋电子商务			1
167	帛仑	BLACG		1
167	博尚广告	DEEPLY IMPRESSIVE		1
167	车慧互动	Auto-Smart		1
167	地铁通成	Beijing Top Result Metro Advertising		1
167	电通日海广告	Dentsu Rihai	Dentsu Aegis Network	1
167	对立方广告	Cuberights		1
167	范思广告	Activation NODEPLUS		1
167	飞博共创	feibo		1
167	和和气气	HeHeQiQi		1
167	互通国际	Intercom		1
167	伙传播	HO Communication		1
167	极致传媒	Initiative	IPG	1
167	际嘉	C+ Media		1
167	骞虹传媒	DFL	HYLINK	1
167	科大讯飞	IFLYTEK		1

代理公司总排名

排名	公 司 名 称		得分
167 朗知	Longwise		1
167 猎豹互动传媒			1
167 麦肯健康	McCann Health	IPG	1
167 美人信息	Beauty. Inc		1
167 盟博广告	Mediabrands	IPG	1
167 明酷商务咨询	Mecool		1
167 抹茶互动	MATCHA MEDIA		1
167 千禧传媒	Chin Hei Media		1
167 卅六策中国	Serviceplan	China	1
167 上策新媒互动			1
167 盛世长城	Saatchi & Saatchi	Publicis Groupe	1
167 世纪宝华公关顾问	BOVA		1
167 顺为互动	Digital-S		1
167 腾信	Tensyn		1
167 万博宣伟	Weber Shandwick		1
167 惟思腾广告	Wisdom		1
167 我是大卫市场营销咨询	David Communication Group		1
167 新动文化传媒	xindong media		1
167 熊猫传媒集团	pandaimedia		1
167 旭效传播	TARGET XPLUS		1
167 旭言达意营销策划			1
167 宣亚国际	shunya	Omnicom	1
167 言态	Amused Art		1
167 阳狮网帆	Publicis Wangfan	Publicis Groupe	1
167 椰子壳			1
167 一物一码数据			1
167 亦复数字	1fusion		1
167 益普索	IPSOS		1
167 意博广告	EYB		1
167 致维科技	Wetec		1
167 中微互动			1
167 注意力数字营销机构	aprdigital		1

代理公司总排名

排名	公司名称			得分
224	精硕科技	AdMaster		0.75
224	力美科技	Limei		0.75
224	灵科	Digital Link		0.75
224	美信威尔	MSG		0.75
224	欧安派	OMP	Dentsu Aegis Network	0.75
224	舜飞科技	Shunteng		0.75
224	思美传媒	simei		0.75
224	新鲜空气	O2CreativeLab		0.75
224	星邑互动	Shine Social		0.75
224	众引传播集团	MGCC		0.75
234	Blast Radius	Blast Radius	WPP	0.5
234	Performics	Performics	Publicis Groupe	0.5
234	艾瑞咨询	iResearch		0.5
234	爱创天杰品牌管理顾问	itrax	KDG	0.5
234	安客诚中国	Acxiom		0.5
234	璧合科技	Behe		0.5
234	博达悦途	Boomap		0.5
234	电通公关	DPRC	Dentsu Aegis Network	0.5
234	飞拓无限	Fractalist		0.5
234	关键数位行销	MinMax Digital		0.5
234	汉威士媒体	Havas Media	Havas Worldwide	0.5
234	花开传媒	Florisun		0.5
234	华扬腾亚	HYTY	HYLINK	0.5
234	华扬亚实验室	Yahlab	HYLINK	0.5
234	际恒集团	Genedigi	Publicis Groupe	0.5
234	剧星传媒	Vision star		0.5
234	聚胜万合	MediaV	LEO	0.5
234	凯帝珂广告	Kinetic	WPP	0.5
234	科韬广告	Criteo		0.5
234	丽人丽妆	Lily&Beauty		0.5
234	买手传媒	杭州买手传媒		0.5
234	脉玺	mojito		0.5

代理公司总排名

排名		公 司 名 称		得分
234	美通互动广告传媒	北京美通互动广告传媒股份有限公司		0.5
234	美团点评	MeituanDianping		0.5
234	米库商务咨询	MK		0.5
234	秒针系统	Miaozhen Systems		0.5
234	摩邑诚广告	MEX		0.5
234	璞砺营销咨询	SapientRazorfish	Publicis Groupe	0.5
234	前线网络(QXWL)	Front net works		0.5
234	青岛创客之星			0.5
234	仁美广告	RenMei		0.5
234	厦门三蝌优网络科技	Skeyou		0.5
234	声力广波广告	SOLID Radio		0.5
234	省广聚合	digi-gimc	GIMC	0.5
234	思瑞音诚	SiRuiYinCheng		0.5
234	腾云天下科技	TalkingData		0.5
234	天诺营销	Innovision	Dentsu Aegis Network	0.5
234	扬思公关	YOUNGS GZ		0.5
234	真众互动	Zen Zone		0.5
273	Porter Novelli	Porter Novelli	Omnicom	0.25
273	The Gate	The Gate		0.25
273	艾德思奇	adSage		0.25
273	博达大桥	FCB	IPG	0.25
273	博拉公司	Bolaa		0.25
273	触加网络科技	Plus Digital		0.25
273	创异数位	Inspire Digital		0.25
273	互仁广告	horizon		0.25
273	乐智公关	SoftPR®		0.25
273	梅森麦喆互动创意行销	Renuf		0.25
273	欧唯特	arvato China		0.25
273	麒灵广告	SapientNitro	Publicis Groupe	0.25
273	钦选	Toption		0.25
273	锐聚广告	Deep Focus		0.25
273	诗翩广告	ST		0.25

代理公司总排名

排名	公司名称	得分
273 视宽广告	vision2	0.25
273 太平网联	E-link	0.25
273 图友科技	ADTOYOU	0.25
273 星广传媒广告	starry international	0.25
273 哲基传播	Zenith DigiZen	0.25

品牌代理总排名

排名		公司名称		得分
1	奥美	Ogilvy	WPP	14.25
2	胜加广告	SGAD+		12.5
3	天与空广告	Tian yu kong		11.25
4	180 数字技术	180.ai		10.75
5	安索帕	Isobar	Dentsu Aegis Network	8.75
6	天联	BBDO	Omnicom	8.5
7	博视得中国	Posterscope China	Dentsu Aegis Network	8
8	华扬联众	Hylink	HYLINK	7.5
9	联旭广告	ADK TAIWAN	ADK	7
10	华邑品牌数字营销	Target-uni	KDG	6.75
11	电通广告	Dentsu	Dentsu Aegis Network	6.5
12	汉威士创意	Havas Worldwide	Havas Worldwide	6
13	李奥贝纳	Leo Burnett	Publicis Groupe	5.25
14	电通国华	Dentsu One	Dentsu Aegis Network	5
15	雪芃广告	SHAPE Advertising		4.25
16	意类广告	Goodzilla		4
17	WE Marketing Group	WE Marketing Group		3.75
18	氩氪集团	Arkr Group	LEO	3.5
19	Cheil Worldwide, Hong Kong	Cheil Worldwide, Hong Kong	Cheil	3
19	电通东派广告	dentsu_TOP	Dentsu Aegis Network	3
19	飞扬广告	Flying		3

品牌代理总排名

排名	公司名称			得分
19	同立广告	UNI COMMUNICATION		3
19	佐维视觉文化传媒	JV communication		3
24	苏豪坊	SoHo Square	WPP	2.75
25	广旭整合传播	Adk Gd	ADK	2.5
25	激创广告	PRO-TREND		2.5
25	杰尔广告	Cheil	Cheil	2.5
25	五斗米	Rice5	WPP	2.5
25	阳狮广告	Publicis	Publicis Groupe	2.5
30	CCG 集团	CCG Group		2
30	DDB 中国集团	DDB China Group	Omnicom	2
30	非常创意	Anomaly		2
30	光影灵动	guangyinglingdong		2
30	或卅	HOTSAR		2
30	颉摩广告	KARMA		2
30	凯络中国	Carat China	Dentsu Aegis Network	2
30	马马也	MATCH	LEO	2
30	麦肯光明	McCann Erickson	IPG	2
30	榕智	MAX Communication		2
30	狮迈广告	cms3shanghai		2
41	灵狮中国	Lintas		1.75
42	耐克	Nike	Publicis Groupe	1.5
42	省广集团	GIMC	GIMC	1.5
42	维姆文化	Verawom	Dentsu Aegis Network	1.5
42	文明广告	Civilization		1.5
46	McCann & Spencer	McCann & Spencer	IPG	1.25
47	.72 互动			1
47	NORMCORE	NORMCORE		1
47	ONENINE	ONENINE		1
47	WAVEMAKER	WAVEMAKER	WPP	1
47	百秋电子商务			1

品牌代理总排名

排名	公司名称			得分
47	帛仑	BLACG		1
47	葛瑞	Grey	WPP	1
47	麦肯健康	McCann Health	IPG	1
47	群邑广告	GroupM	WPP	1
47	卅六策中国	Serviceplan China		1
47	上思广告	M&C Saatchi aeiou	Publicis Groupe	1
47	盛世长城	Saatchi & Saatchi	Publicis Groupe	1
47	思湃广告	SparkAD Shanghai		1
47	惟思腾广告	Wisdom		1
47	我是大卫市场营销咨询	David Communication Group		1
47	英扬传奇 & 喜邑互动	inyoung group		1
47	有门互动	Neone		1
47	原象广告	i2mago		1
47	远誉广告	Yuanyu Radio		1
66	伟门	Wunderman	WPP	0.75
66	新鲜空气	O2CreativeLab		0.75
68	昌荣传媒	Charm		0.5
68	花开传媒	Florisun		0.5
68	凯帝珂广告	Kinetic	WPP	0.5
68	曼聚思睿	MJS		0.5
68	睿狮广告传播	MullenLowe China	IPG	0.5
68	星传媒体	STARCOM	Publicis Groupe	0.5
74	VML China	VML China	WPP	0.25
74	博达大桥	FCB	IPG	0.25
74	汉威士媒体	Havas Media	Havas Worldwide	0.25
74	琥珀传播	Amber Communications	LEO	0.25
74	品众互动	Pzoom Interactive	Tianlong	0.25
74	钦选	Toption		0.25
74	睿域营销	Razorfish	Publicis Groupe	0.25
74	省广博报堂整合营销	GIMC-HAKUHODO	GIMC	0.25
74	实力媒体	ZENITH	Publicis Groupe	0.25

二、媒介代理公司

此类别成绩来自金投赏代理公司组当中媒介服务组别的历史成绩，通过历史上金、银、铜、提名奖的成绩相加得出。此榜单主要用来衡量广告代理公司媒介的整合能力，评审标准是媒介的策略与计划、预算分配整合能力以及媒介计划的执行力作用。

媒介代理服务排名

排名	公司名称		集团	总分
1	传立媒体	Mindshare	WPP	19.25
2	实力媒体	ZENITH	Publicis Groupe	7.5
3	众成就数字传媒集团	Digitop		6.5
4	氢互动	QWOM		6
5	华邑品牌数字营销	Target-uni	KDG	4.5
6	杰尔广告	Cheil	Cheil	4
6	联旭广告	ADK TAIWAN	ADK	4
6	星传媒体	STARCOM	Publicis Groupe	4
9	甲乙品牌数字营销	UMCG		3.5
10	正璘文化	DT2		3
11	凯络中国	Carat China	Dentsu Aegis Network	2.75
12	安索帕	Isobar	Dentsu Aegis Network	2.5
12	易铭天	WDT	WPP	2.5
14	WAVEMAKER	WAVEMAKER	WPP	2
14	伯乐营销			2
14	突破传播	Blue 449	Publicis Groupe	2
14	优盟	UM	IPG	2
18	180 数字技术	180. ai		1.5
19	浩腾媒体	OMD	Omnicom	1.25
19	竞立媒体	MediaCom	WPP	1.25
21	DCCC	DCCC	Dentsu Aegis Network	1
21	宝尊电商	BAOZUN		1
21	昌荣传媒	Charm		1
21	环时互动	S-Lab		1

媒介代理服务排名

排名	公司名称		集团	总分
21	骞虹传媒	DFL	HYLINK	1
21	精锐媒体	SPARK FOUNDRY	Publicis Groupe	1
21	品迪	PHD	Omnicom	1
21	三人行	3R		1
21	台湾电通	DENTSU TAIWAN	Dentsu Aegis Network	1
21	有氧	YOYA DIGITAL		1
21	远誉广告	Yuanyu Radio		1
21	智顶互娱			1
33	麦肯	McCann	IPG	0.75
33	欣翰	DreamWorker		0.75
35	互通国际	Intercom		0.5
35	声力广波广告	SOLID Radio		0.5
35	优力互动	Uniquead		0.5
38	博视得中国	Posterscope China	Dentsu Aegis Network	0.25
38	汉威士媒体	Havas Media	Havas Worldwide	0.25
38	上思广告	M&C Saatchi aeiou	Publicis Groupe	0.25
38	星广传媒广告	starry international		0.25

三、 数字代理公司

此类别成绩来自金投赏代理公司组当中数字类别的历史成绩，通过历史上金、银、铜、提名奖的成绩相加得出。此榜单主要用来衡量广告代理公司对于数字营销整体能力，根据数字营销领域中的创意、媒介、制作、数据服务等四大领域的综合能力进行评审。

数字营销服务总排名

排名	公 司 名 称			得分
1	安索帕	Isobar	Dentsu Aegis Network	51.25
2	华扬联众	Hylink	HYLINK	46.75
3	传立媒体	Mindshare	WPP	30

数字营销服务总排名

排名	公司名称			得分
4	星传媒体	STARCOM	Publicis Groupe	18.5
5	凯络中国	Carat China	Dentsu Aegis Network	18
6	奥美	Ogilvy	WPP	16.5
7	WAVEMAKER	WAVEMAKER	WPP	13.25
8	艾特内容整合营销	@comm		12.5
9	杰尔广告	Cheil	Cheil	10.75
10	时趣	Social Touch		9.25
11	蓝标数字	BlueFocus Digital	BlueFocus	9
12	灵思云途	Linksus Digiwork		8.75
13	环时互动	S-Lab		8.5
14	易铭天	WDT	WPP	8.25
15	联广传播集团	United Communications Group		8
16	天联	BBDO	Omnicom	7.75
17	优力互动	Uniquead		7.5
18	华邑品牌数字营销	Target-uni	KDG	7.25
18	实力媒体	ZENITH	Publicis Groupe	7.25
20	科翼传媒	Keyimedia	SIMEI	7
20	有氧	YOYA DIGITAL		7
22	智创无限	Mconnect		6.75
23	宝尊电商	BAOZUN		6.5
23	孔明科技	KONGMING		6.5
25	琥珀传播	Amber Communications	LEO	6.25
25	睿路传播	Reload		6.25
27	马马也	MATCH	LEO	6
27	氩氪集团	Arkr Group	LEO	6
29	多盟	DOMOB	BlueFocus	5.75
30	电通广告	Dentsu	Dentsu Aegis Network	5.5
30	电通国华	Dentsu One	Dentsu Aegis Network	5.5
30	能乘	bangx		5.5
30	伟门	Wunderman	WPP	5.5

数字营销服务总排名

排名	公司名称			得分
30	有门互动	Neone		5.5
35	竞立媒体	MediaCom	WPP	5.25
36	胜加广告	SGAD+		5
36	意类广告	Goodzilla		5
36	优盟	UM	IPG	5
39	联旭广告	ADK TAIWAN	ADK	4.75
39	品迪	PHD	Omnicom	4.75
39	榕智	MAX Communication		4.75
42	二更	ergeng		4.5
42	新好耶	Allyes	SPEARHEAD	4.5
44	180 数字技术	180. ai		4.25
44	英扬传奇 & 喜邑互动	inyoung group		4.25
46	佛海佛瑞广告	FF Creative Community Shanghai		4
46	靈智廣告	Havas Taiwan	Havas Worldwide	4
46	天与空广告	Tian yu kong		4
46	悦普互动	YEP		4
46	蕴世	Inspire		4
46	智威汤逊	JWT	WPP	4
52	Cheil 鹏泰	Cheil PengTai	Cheil	3.75
52	安布思沛	iProspect	Dentsu Aegis Network	3.75
54	雪芃广告	SHAPE Advertising		3.5
54	邑策中国	Xaxis China	WPP	3.5
56	突破传播	Blue 449	Publicis Groupe	3.25
56	文明广告	Civilization		3.25
58	嘉年华整合营销	CARNIVO		3
58	蓝标电商	Bluefocus E-Commerce	BlueFocus	3
58	巧豆传媒	CHOCO		3
58	群邑广告	GroupM	WPP	3
58	史努克广告	SNK	BlueFocus	3
58	网迈广告	NIM Digital	Omnicom	3

数字营销服务总排名

排名	公司名称			得分
58	阳狮广告	Publicis	Publicis Groupe	3
58	意合众创	cocreatestudio		3
58	智顶互娱			3
67	VML China	VML China	WPP	2.75
67	瑞意恒动	Ever Motion		2.75
67	省广集团	GIMC	GIMC	2.75
70	安瑞信杰	Energy Trust		2.5
70	品众互动	Pzoom Interactive	Tianlong	2.5
70	苏豪坊	SoHo Square	WPP	2.5
70	云像数字技术	Face Touch Digital		2.5
74	CCG集团	CCG Group		2.25
74	网路基因	WEBGENE		2.25
74	维姆文化	Verawom	Dentsu Aegis Network	2.25
77	MRM//麦肯	MRM//McCann	IPG	2
77	Red Fuse	Red Fuse Communications	WPP	2
77	葛瑞	Grey	WPP	2
77	合力映像	hand in hand		2
77	简创意空间广告	Pure Creative Space		2
77	精锐媒体	SPARK FOUNDRY	Publicis Groupe	2
77	筷子科技	Kuaizi Technology		2
77	蓝门数字营销	Bluedoor Digital	GIMC	2
77	力领	Adleading		2
77	品友互动	ipinyou		2
77	氢互动	QWOM		2
77	台湾电通	DENTSU TAIWAN	Dentsu Aegis Network	2
77	涛澜北广互动广告	T&BAC		2
77	万拓广告	VANTO Communications		2
77	友拓公关	UTOP		2
77	真传有道	GenuineCommunication		2
93	ONENINE	ONENINE		1.75

数字营销服务总排名

排名	公司名称			得分
93	贝立德	dentsuX Taiwan	Dentsu Aegis Network	1.75
93	电通数码	&c.	Dentsu Aegis Network	1.75
93	麦肯	McCann	IPG	1.75
93	派择	PageChoice	HYLINK	1.75
93	域邑广告	Unique		1.75
99	昌荣传媒	Charm		1.5
99	个灯	aBeacon		1.5
99	汇尚网络	INnSHINE		1.5
99	颉摩广告	KARMA		1.5
99	夏易网络科技	Xiayi Marketing		1.5
99	新意互动	CIG		1.5
105	安纳特	Amnet China	Dentsu Aegis Network	1.25
105	李奥贝纳	Leo Burnett	Publicis Groupe	1.25
105	派瑞威行	Aspiration	KDG	1.25
108	AdRich	AdRich		1
108	AI 创新整合营销咨询	AI 创新整合营销咨询	LEO	1
108	ASAP+	ASAP+		1
108	nEqual	nEqual		1
108	NORMCORE	NORMCORE		1
108	百比赫广告	BBH CHINA LIMITED	Publicis Groupe	1
108	百孚思广告		KDG	1
108	博尚广告	DEEPLY IMPRESSIVE		1
108	超凡集团	Guru Online		1
108	车慧互动	Auto-Smart		1
108	淳博	Genudite		1
108	地铁通成	Beijing Top Result Metro Advertising		1
108	对立方广告	Cuberights		1
108	范思广告	Activation NODEPLUS		1
108	飞博共创	feibo		1
108	伙传播	HO Communication		1

数字营销服务总排名

排名	公司名称		得分
108 极致传媒	Initiative	IPG	1
108 科大讯飞	IFLYTEK		1
108 猎豹互动传媒			1
108 美人信息	Beauty. Inc		1
108 盟博广告	Mediabrands	IPG	1
108 抹茶互动	MATCHA MEDIA		1
108 千禧传媒	Chin Hei Media		1
108 睿域营销	Razorfish	Publicis Groupe	1
108 三人行	3R		1
108 擅美广告	Creative Tastebud	HYLINK	1
108 胜思	VML Social	WPP	1
108 世纪宝华公关顾问	BOVA		1
108 顺为互动	Digital-S		1
108 腾信	Tensyn		1
108 新动文化传媒	xindong media		1
108 熊猫传媒集团	pandaimedia		1
108 旭效传播	TARGET XPLUS		1
108 旭言达意营销策划			1
108 言态	Amused Art		1
108 阳狮网帆	Publicis Wangfan	Publicis Groupe	1
108 一物一码数据			1
108 亦复数字	1fusion		1
108 意博广告	EYB		1
108 原象广告	i2mago		1
108 赞意	GoodIdea Media		1
108 致维科技	Wetec		1
108 中微互动			1
108 众成就数字传媒集团	Digitop		1
152 精硕科技	AdMaster		0.75
152 力美科技	Limei		0.75
152 灵科	Digital Link		0.75

数字营销服务总排名

排名	公司名称			得分
152	欧安派	OMP	Dentsu Aegis Network	0.75
152	上思广告	M&C Saatchi aeiou	Publicis Groupe	0.75
152	舜飞科技	Shunteng		0.75
152	星邑互动	Shine Social		0.75
152	映盛中国	Insun China		0.75
160	Blast Radius	Blast Radius	WPP	0.5
160	Performics	Performics	Publicis Groupe	0.5
160	WE Marketing Group	WE Marketing Group		0.5
160	安客诚中国	Acxiom		0.5
160	璧合科技	Behe		0.5
160	博达悦途	Boomap		0.5
160	飞拓无限	Fractalist		0.5
160	关键数位行销	MinMax Digital		0.5
160	汉威士创意	Havas Worldwide	Havas Worldwide	0.5
160	华扬腾亚	HYTY	HYLINK	0.5
160	华扬亚实验室	Yahlab	HYLINK	0.5
160	际恒集团	Genedigi	Publicis Groupe	0.5
160	剧星传媒	Vision star		0.5
160	聚胜万合	MediaV	LEO	0.5
160	科韬广告	Criteo		0.5
160	丽人丽妆	Lily&Beauty		0.5
160	买手传媒	杭州买手传媒		0.5
160	脉玺	mojito		0.5
160	美通互动广告传媒	北京美通互动广告传媒股份有限公司		0.5
160	美团点评	MeituanDianping		0.5
160	摩邑诚广告	MEX		0.5
160	璞砺营销咨询	SapientRazorfish	Publicis Groupe	0.5
160	前线网络(QXWL)	Front net works		0.5
160	青岛创客之星			0.5
160	仁美广告	RenMei		0.5
160	厦门三蝌优网络科技	Skeyou		0.5

数字营销服务总排名

排名	公司名称			得分
160	思湃广告	SparkAD Shanghai		0.5
160	腾云天下科技	TalkingData		0.5
160	真众互动	Zen Zone		0.5
160	正璘文化	DT2		0.5
190	The Gate	The Gate		0.25
190	艾德思奇	adSage		0.25
190	博拉公司	Bolaa		0.25
190	触加网络科技	Plus Digital		0.25
190	创异数位	Inspire Digital		0.25
190	互仁广告	horizon		0.25
190	乐智公关	SoftPR®		0.25
190	梅森麦喆互动创意行销	Renuf		0.25
190	欧唯特	arvato China		0.25
190	麒灵广告	SapientNitro	Publicis Groupe	0.25
190	锐聚广告	Deep Focus		0.25
190	诗翩广告	ST		0.25
190	视宽广告	vision2		0.25
190	太平网联	E-link		0.25
190	图友科技	ADTOYOU		0.25
190	五斗米	Rice5	WPP	0.25
190	众引传播集团	MGCC		0.25

数字代理服务领域传播集团排名

排名	集团	总分
1	WPP	100.25
2	Dentsu Aegis Network	93.75
3	HYLINK	50.5
4	Publicis Groupe	40.75
5	BlueFocus	20.75
6	LEO	19.75

数字代理服务领域传播集团排名

排名	集团	总分
7	Omnicom	15.5
8	Cheil	14.5
9	IPG	10.75
10	KDG	9.5
11	SIMEI	7
12	ADK	4.75
12	GIMC	4.75
14	Havas Worldwide	4.5
14	SPEARHEAD	4.5
16	Tianlong	2.5

四、数字媒体公司

此类别成绩来自金投赏媒体平台组，由历史上金、银、铜、提名奖的成绩相加得到。此榜单主要用来衡量数字媒体主对于自身媒介应用的整体能力，以媒介的策略与计划、预算分配整合能力以及媒介计划的执行力作为衡量标准。

排名		公司名称	总分
1	腾讯	Tencent	93
2	新浪	Sina	35.25
3	微博	Weibo	28.75
4	爱奇艺	iQIYI	28.5
5	网易传媒	Netease	25.25
6	百度	Baidu	21.25
7	阿里妈妈	alimama	17
8	凤凰网	Ifeng.com	15.5
9	今日头条	TOUTIAO	14.75
10	小米	Xiaomi	13
10	优酷	Youku	13

排名	公司名称	总分
12 搜狗	Sogou	10.75
13 二更	ergeng	10
14 美团点评	MeituanDianping	9
15 搜狐视频	tv. sohu. com	7.75
16 360 公司	Qihoo 360	6.25
16 乐视	Le	6.25
18 谷歌	Google	6
19 马蜂窝	mafengwo	5
19 知乎	zhihu	5
21 搜狐公司	Sohu. com Inc	4.25
22 哔哩哔哩	bilibili	4
22 一点资讯	yidian-inc. com	4
24 京东	JD. COM	3.25
25 Oath	Oath	3
25 界面	Jiemian	3
25 酷狗音乐	Kugou	3
25 陌陌	MOMO	3
25 一条		3
30 致趣联媒	INAD	2.75
31 芒果 TV	MGTV	2.5
32 墨迹天气	Mojiweather	2.25
33 爱卡汽车	XCAR	2
33 猎豹移动	Cheetah Mobile	2
33 携程	Ctrip	2
36 暴风集团	Baofeng	1.5
36 唱吧	Changba	1.5
38 阿里文娱智能营销平台		1
38 饿了么	ele. me	1
38 赫斯特广告	Hearst	1
38 华米科技	Huami Information	1
38 科大讯飞	IFLYTEK	1
38 快手	kuai	1
38 荔枝 FM	Lizhi	1

排名		公司名称	总分
38	良仓	Liangcang	1
38	佩珀	Q Daily	1
38	澎湃新闻	The Paper	1
38	视知 TV	Shizhi TV	1
38	新片场	New Studios Media Group	1
38	易车网	yiche. com	1
51	宝宝树	Babytree	0. 75
51	汽车之家	Autohome Inc.	0. 75
51	悦会	YHOUSE	0. 75
54	触宝	TouchPal	0. 5
54	妈妈网	mama. cn	0. 5
54	咪咕新媒体	Migu Digital	0. 5
57	VIVA 畅读新媒体	VIVA	0. 25
57	聚力传媒	PPTV	0. 25
57	人民网	People's Daily Online	0. 25

五、 传统媒体

此类别来自金投赏媒体平台组当中传统媒体的历史成绩，通过历史上金、银、铜、提名奖的成绩相加得出。此榜单主要用来衡量媒体主对于自身媒介应用的整体能力，以媒介的策略与计划、预算分配整合能力以及媒介计划的执行力作为衡量标准。

排名		公司名称	总分
1	德高	JCDecaux	26. 25
2	分众传媒	Focus media	10. 75
3	雅仕维	Asiaray Media Group	6. 75
4	郁金香传媒	Tulip Media	4. 25
5	搜狐晶茂电影传媒	Jingmao Flim Media	4
6	世纪鲲鹏	Century KP	3. 25
7	大剧营销传媒		3
7	深圳卫视	SZTV	3

排名		公司名称	总分
9	湖南卫视	Hunan Satellite TV	2.5
10	第一财经	Yicai Media Group	2
10	合和国际户外媒体公司	HohoAd	2
12	东方娱乐传媒集团	SMG	1.75
13	万达传媒	Wanda Media	1.5
14	地铁通成	Beijing Top Result Metro Advertising	1
14	乐视	Le	1
14	新潮传媒	Xinchao Media Group	1
17	深圳广播电影电视集团	SZMG	0.75
17	易试互动	1shi Interactive Media	0.75
19	Television Broadcasts Limited	Television Broadcasts Limited	0.5
19	巴士在线	Bus-online	0.5
19	虎扑体育	Hupu Sports	0.5
19	人民数字科技产业	People Digital	0.5
19	万合天宜	Unimedia	0.5
19	云集将来传媒	Yunji	0.5
19	长沙城市之声	fm101.7	0.5
26	合润传媒	Herun Media	0.25
26	活跃科技	Active Tech	0.25

六、 制作公司

影视(前期/后期)

此类别成绩来自金投赏制作公司组当中前期制作服务和后期制作服务类别的历史上金、银、铜、提名奖的成绩相加。此榜单主要用来衡量前期、后期影视制作公司对于影视广告片的制作执行能力,根据制作对于创意的表现、制作手法的创新,以及制作的难度这几个维度进行衡量。

前期制作排名

排名		公司名称	总分
1	观池	Gwantsi	9.5
2	启李广告	START Films	8
3	赤马传媒	Redhorse Media	7.75

前期制作排名

排名		公司名称	总分
4	良仓	Liangcang	4
5	纳池	Nuts Film	3.75
6	拾录彼玖	16:9FILMS	3.5
7	千禧传媒	Chin Hei Media	3.25
8	Silverback Films Limited	Silverback Films Limited	3
8	点维广告	DotWell AD	3
8	黑开唛广告	Black + Cameron	3
8	几浅文化传媒		3
8	茂田	MOD	3
13	宣熹	HEY! Prouductions	2.5
14	大於製作		2
14	非吾文化传媒	Feature Works	2
14	福阔	Look Film	2
14	海于广告		2
14	合力映像	hand in hand	2
14	幕后制作室	Mutual Workshop	2
14	予舍影视工作室	STEAM FILM PRODUCTION	2
21	太平盛世	TPSS	1.75
21	鹰美广告	Eagle Media	1.75
23	米立制作	Mili Films	1.5
24	华苑映创	Innovate Films	1.25
25	Off-Lo-Hi Ltd.	Off-Lo-Hi Ltd.	1
25	Smallshop Communications	Smallshop Communications	1
25	艾伍德影视制作	EWDFILM	1
25	葛纳兰	Greatland Films	1
25	开元映画影像工作室		1
25	乐荣广告	LRC	1
25	聲吶影像製作所	Serendipity Films Production	1

前期制作排名

排名		公司名称	总分
25	喜脉		1
25	子影	POINTINGFILMS	1
34	蒙国方导演	MGFilm	0.75
35	焕然广告	Glowy Films	0.5
35	皮艾吉广告	P. I. G. China	0.5
35	铁三角影视制作	Triangle Film	0.5
35	壹站广告	O. S. FILMS	0.5
35	智汇堂广告传播	wisewindows	0.5
40	臣基广告	TD	0.25
40	风靡	Filmate	0.25
40	格维蒂	Gravity Films	0.25
40	绿森影视	GreenForest Film	0.25
40	心生活	A NEW LIFE FILMS	0.25
40	渲维数字	RTD	0.25
40	正时文创	pplee visual Studio	0.25

后期制作排名

排名		公司名称	总分
1	观池	Gwantsi	9
2	Touches HK	Touches HK	4
3	赤马传媒	Redhorse Media	3
3	黑开唛广告	Black + Cameron	3
5	皮艾吉广告	P. I. G. China	2.5
6	卯生创意设计	SOMEI DESIGN	2
7	铁三角影视制作	Triangle Film	1.5
8	Digit Digit Ltd	Digit Digit Ltd	1.25
8	色谷	Film valley	1.25
10	VHQ	VHQ media holdings Ltd,.	1

后期制作排名

排名		公司名称	总分
10	橙子娱乐	Orangefun	1
10	合力映像	hand in hand	1
10	完美生活	perfect life	1
10	中视前卫影视传媒	CPEC	1
15	比特视界	BITONE	0.75
15	言态	Amused Art	0.75
17	点维广告	DotWell AD	0.5
17	幻维数码	Motion Magic	0.5
17	良仓	Liangcang	0.5
17	纳池	Nuts Film	0.5
17	太平盛世	TPSS	0.5
22	光影多媒体	Light Club Multimedia	0.25
22	心生活	A NEW LIFE FILMS	0.25
22	宣熹	HEY! Prouductions	0.25
22	鹰美广告	Eagle Media	0.25

平面（摄影/修图）

此类别成绩来自金投赏制作公司组当中摄影服务和修图服务类别历史上金、银、铜、提名奖的成绩相加。此榜单主要用来衡量摄影、修图公司对于平面广告的摄影及修图的执行能力，根据制作对于创意的表现、制作手法的创新，以及制作的难度这几个维度进行衡量。

摄影服务排名

排名		公司名称	总分
1	生龙活虎国际制作	T&W Group	15
2	辉图影像机构	HUITUIMAGE	7
3	卞艺广告	ZEN PRODUCTION HOUSE	6
4	和创图文制作	NDC Studio	5.5
5	刘锡龙	Liu Xi Long	2

摄影服务排名

排名		公司名称	总分
5	铭铜品牌策划	M-branding	2
5	锐梵数码影像	Refine	2
8	觅得广告	MTP	1
8	桑木垚文化传媒	MULBERRY production house	1
8	时代镜城	Luo Photo	1
11	奇际广告	T. H. E Studio	0.5
11	尊艺摄影	Join Art	0.5
13	黑子影像	HEIZI	0.25

修图服务排名

排名		公司名称	总分
1	生龙活虎国际制作	T&W Group	9.25
2	刘锡龙	Liu Xi Long	8
3	恒代齐力企业形象策划	amanacliq Shanghai Limited	4
4	黑子影像	HEIZI	2.5
4	仙人掌广告	Xianrenzhang	2.5
6	和创图文制作	NDC Studio	1.25
7	唐旗	TANGTLAG	1
8	蚂蚁视觉	Ant Vision	0.75
9	大方肆色三维制作	Great Fun CG	0.5
9	柳丁	LiuDing	0.5

一个奖项在创建初期必须依靠主办方强有力的整合能力和市场传播能力。但是中后期却需要依靠获奖作品的自传播，其中关键在于这些作品为什么会获奖，评审为什么会选这些作品。因此，金投赏每年都会做一个由各评审主席共同参与撰写的商业创意趋势报告，这是一项非常重要的内容，用来帮助所有参赛公司了解我们奖项的标准和作品背后的故事。

第十届金投赏商业创意趋势报告

序

自 2008 年我创建金投赏至今已经第十届了。我一直希望能在每一年金投赏国际创意节期间发布一份由金投赏评审团撰写的趋势报告，它不仅可以成为每一年评审和参赛公司之间沟通的桥梁，也可以让参赛公司更多地了解到每一年评审团是如何来看待这些优秀作品的，从这些被选出的作品中可以看到哪些共同的趋势，同时能否总结出未来受市场和评审欢迎的作品趋势。这份趋势报告，是由八个组的评审主席牵头，监审主席配合，评委集体完成的，其中占用了很多评委宝贵的个人时间。为此，组委会向所有对本报告有奉献的评委致以深深的敬意！也希望这份趋势报告会让大家有所收获。

前言

本届金投赏创意奖共有 558 家参赛公司，递交了 3 117 件参赛作品，分别比上年增长了 24.8%和 3.5%，呈现出愈来愈明显的竞争趋势。同时，2017 年的金投赏创意奖金奖率更是从以往最高的 6.6%，历史性地下降至目前最低的 1.9%，几乎缩减了四分之三！组委会逐年下调金奖比例的目的，是希望不断增加金奖的含金量，同时也提升提名奖、铜奖和银奖的影响力。

2017年，组委会增设了一些符合中国发展特色的新的奖项类别，尤其是在移动互联时代中国可以在全世界引以为傲的类别，如“短视频”“程序化创意”“受众规划”“电商TP”等。这些类别让金投赏创意奖在全球化的道路上，在和拥有五六十年历史的国际老牌奖项PK时，可以骄傲地告诉全世界：中国创意不只成功在中国！

同时，2017年组委会还特别设立了一个只针对广告主或者品牌直接来报送的“企业组”，这是首次开放给品牌直接来参赛的新类别。组委会认为，相对代理商和媒体，整合背后的真正推手是品牌自己，这是无可替代的。

“长期品牌管理类”的诞生起源于历届全场大奖的获奖密码。组委会在十周年之际，将历届全场大奖的几十件作品逐一做了分析和统计，最后发现：在登上大奖舞台的这一刻背后，是这些代理公司和品牌平均达9.5年的携手合作，而媒体公司的平均合作时间也达到5.6年，平均合作时间高达8.3年！这是一种需要时间才能形成的信任，组委会需要鼓励这种合作伙伴之间的信任。因此，对于这个新类别，必须是2016年获得过铜奖以上，并且必须服务同一个品牌的参赛公司，方可在2017年报送。

评估模型

金投赏创意奖的评审标准经过十届的迭代和优化，目前相对已经非常成熟。奖项的底层是由评估模型ROI Audit构建的。

金投赏ROI Audit评估模型是由金投赏创始人、架构师贺欣浩创建，经过十年的发展，已经建立起完整的生态体系。通过这个体系，每年可以保证征集到足够多的优秀作品，并进行客观公正的评审。该模型由三个部分组成：

- 金投赏白皮书。金投赏组委会每年会发布相关参赛白皮书，参赛公司统一根据白皮书参赛，并报送案例。
- 评审规则的公布。组委会将邀请业内权威、有影响力的专家，他们都必须通过金投赏的评审筛选过程，同时需要熟悉并运用金投赏的评审体系，方可能成为金投赏评审。
- 第三方监督。金投赏每年公布的获奖规则及获奖比例，都由全球最大的会计师事务所普华永道 PwC 进行第三方计票公证。

通过这样三个环节，金投赏组委会每年不断地调整和优化，保证了金投赏在短短几年内发展成为亚洲规模最大的创意奖。

评估模型 ROI Audit 通过历届金投赏的发展已经成长到第三代，模型也在不断完善和优化，以适应营销理论和技术的发展与革新。目前模型已经到 3.0。相比 2.0，3.0 更能直观连续地反映一个创意作品在公司资源及预算中的分配、产品创意的研发和传播创意的推广之间的平衡关系。同时，它也为参赛公司报送作品起到指引的作用。在 ROI Audit 的评审体系中，每一个创意作品在启动前都一定会有一个商业目标，结合其最终达到目标所取得的效果，这将是大赛衡量参赛作品成功与否最重要的标准。

评审标准

所有参赛作品都是根据评估模型给出的分类而递交，随后进行评审的。虽然金投赏创意奖的评委来自不同国家和不同行业，但是基于金投赏的评审标准和维度，可以相对做到客观公正地选出优秀作品。以下三个方面是评审团对作品打分的标准。

- 目标与难度（30%）

每一件作品和案例必须有其目标。这当中涉及的因素有很多，不同的企业、不同的品牌、不同的阶段、不同的预算，它面临的挑战是不一样的。这就像跳水比赛，难度系数不同，最后的得分也不同，金投赏的参赛案例也同样如此。一个百万元预算的案例相比一个上亿元的预算，两者的目标、难度和期望值都会不同；而一个成熟的全球 500 强品牌和一个新设立的品牌，它们原本在消费者心目中的品牌资产和信任也是不同的。

- 创意与执行（30%）

作为一个商业创意的奖项，在目标之后就是执行。组委会相信一个好的案例是创意感性和执行理性的结合。如何才能高效地找到你的目标受众，让他们来体验你的产品或者服务——在这个维度上，评审的核心就是看这个作品或案例能否让目标受众有非常好的品牌体验。

● 结果(40%)

作为一个商业创意的奖项，组委会非常重视用市场量化创意。此处的结果是对应它之前提出的目标而言的，目标并不一定只是短期效果如销量，目标也可能是中长期的效果如消费者好感度。无论你的目标是如何设定的，其最终结果一定要和先前设定的目标进行匹配，否则就是一个没有完成 ROI 的作品，将无法获得高分。

奖项的设立和取消

● 设立

面对日新月异的发展，为顺应创新趋势，金投赏的类别也在不断延展，以适应现今复杂的商业环境。所有各类奖项必须依托以下几个原则方可设立：

1. 必须是在金投赏 ROI Auidt 的评估模型上延展的。

2. 必须是代表企业在商业市场环境中预算投入的趋势和方向的。

3. 市场中必须要有足够多的参与者，并且这个行业规模还在不断增长。组委会不会设立只有一两家公司参与或者绝对垄断或者市场规模非常小的类别，开放性和竞争性是设立的标准。

4. 其最终的商业目标能否达成是可以被量化评估的。

● 取消

当以下条件被满足时，我们会取消这个奖项类别：

1. 已经不能代表企业在商业市场环境中预算投入的趋势和方向的。

2. 市场中没有足够多的参与者，并且行业规模还在不断萎缩。每年只有一两家公司能参加这个类别的评比，或者连续三年以上没有作品参与此类别。

3. 其最终的商业目标能否达成是无法被量化评估的。

营销预算的分类

金投赏商业创意奖对每个递交营销案例的预算类型进行分类，是为了更专业科学地去进行横向对比，从而更客观公正地保证奖项的公平性和专业性。

● 销售预算（短期效果）

这部分预算主要来自销售部门，有的公司把它称作促销预算。企业的目标通常是以销售或者转化为主，互联网电商的预算通常也在效果预算的范畴，或者叫短期效果预算。

● 品牌预算（中长期效果）

这部分预算主要来自企业品牌部门，因此叫品牌预算。也有的公司把它称作市场预算，是指来自市场部的预算。无论怎么称呼，企业的目标通常是以建立目标消费者的好感度为主，为了实现更多的曝光和品牌认知度，为企业品牌长期投资所做的营销活动或事件。

● 公关预算（长期效果）

公关预算又叫企业传播预算，包括企业自身品牌的传播、企业社会责任 CSR，这部分预算常常会和市场营销活动中的活动公关预算相混淆。在这里，我们将它定义为赢得免费媒体报道的部分，包括线下邀请媒体的发布会，社会化媒体的内容等。

无论短期、中期或者长期效果预算，它们都是相对的概念。不同企业在不同阶段对达成目标的时间和速度是不同的，通常短期效果是指在三个月以内会发生的效果，中期效果是在一年以内，而长期效果则在一年以上。随着技术发展和营销技术的快速迭代，各类营销概念层出不穷。品效合一，即品牌效果融合为一的预算也出现在历史的舞台，其背后的原因是企业对于商业目标达成的效率要求越来越高。

全场大奖的标准

全场大奖是每一组评审对当组的所有金奖作品进行充分讨论，最后投票评出的一个最高奖，代表了金投赏创意奖的最高荣誉。关于全场大奖的选择，需要遵循以下四个要求。

● 一定是在商业上非常成功的

作为金投赏的全场大奖，尤其是一直以商业创意著称的奖项，全场大奖必须是在商业上非常成功的。

● 一定是代表中国创意风格的

金投赏目前已经是亚洲最大规模的创意奖，每年有三十多个国家和地区的作品参赛。金投赏创意奖正在国际舞台上确立中国的创意标准，走出自己的风格和特色——这背后是中国文化和行业特点。组委会希望金投赏的全场大奖作品，在未来的国际舞台上是可以和那些国际大奖作品PK的。

● 一定是积极向上、正能量的

金投赏的大奖一定是积极乐观、正能量的。有的作品和案例也许在商业上非常成功，但依靠的是短期博眼球，甚至利用人性中消极悲观的特性来营销，组委会不鼓励这样的作品。

● 一定是代表行业趋势和标杆，能够让业界借鉴的

获奖的作品或案例在资源和预算方向应给所有参赛公司带来借鉴和启发，代表行业发展的趋势。

以下报告均来自本届八个评审组，由这八组评审主席负责，在其评审组共同讨论的基础上撰写完成。

让我们一起向为本届金投赏贡献专业和时间的107位评委致敬！

品牌1组评审报告

品牌组：作品全部来自代理公司（各类广告、传播、营销公司），包括创意代理、媒介代理、数字代理、公关代理以及各类新型代理公司。其作品来自公关预算和品牌预算。

评审主席：

须　聪　McDonald's 麦当劳市场部副总裁暨首席市场官

监审主席：

邱　胜　前 Qualcomm 美国高通全球副总裁，中国区市场总经理

邓晓华　Samsung 三星电子大中华区首席市场官

顾嘉颖　Chrysler 克莱斯勒（中国）首席市场官

江　畅　Johnson & Johnson 强生消费品市场副总裁
金昱冬　Visa 中国区副总经理/市场部总经理
马　岚　LOREAL CHINA 欧莱雅美宝莲纽约品牌总经理
马　文　Uniliver 联合利华中国个人护理类副总裁
欧阳庆球　P&G 宝洁大中华区口腔护理事业部总裁
王传东　Lenovo 联想集团副总裁兼中国区首席市场官
熊晓杰　Chime Long 长隆集团市场总经理
徐　茜　Dior 迪奥中国区副总裁(公关事务)
杨秀玲　Wahaha 娃哈哈营销顾问
叶　新　Shangri-La 香格里拉酒店集团中国市场营销副总裁
詹慧川　China Red Star 红星美凯龙副总裁

百般红紫斗芳菲，唯缺独领风骚

本次评审给评委们的总体印象是，报奖材料的质量在逐年提升，这让评委们对案例背后的策略思考和计划逻辑有更好的了解，能帮助作出更好的评判。而本届参赛作品的水平普遍有明显提高，几乎每个获得提名的作品都有各自值得称道的地方，这也使得在低阶奖项的取舍上增加了难度。

评委们认为，本届作品普遍在以下两个方面较往届有了显著的进步：

● 对于技术手段的运用。相对往年对新技术多少还会带些勉强和生涩的追求，今年大多数品牌不仅能娴熟地使用包括 AR、VR、LBS 等技术以及各种 H5 新制作手段，而且对技术的使用基本能做到为我所用，支持传播计划目的达成。另一方面，在一些技术流的奖项里，例如“受众规划”，我们也看到模型逻辑更缜密、数据结构更丰富翔实，解决方案的相关性、合理性都有提高。

● 对于流行和热点的把握与利用。显然，市场营销能手们已经学会驾轻就熟地蹭热点和利用自带流量的流行元素来放大传播效应了。在本组选出的 13 个金奖案例中，有 6 个用到了网红直播、游戏合作、大事件、明星/剧目合作的“借”流量手法。

然而，有点遗憾的是，在水涨船高的作品池中，本组评委尚未看到真正令人眼前一亮的案例。今年减少了金奖的配额，显示了金投赏组委会对作品品质的期许和提高含金量的良苦用心。很多公司的参赛作品把重心放在了营销技巧，使真正的 big idea 鲜有见到。

尤其是，过度单一注重提升效果的营销技巧，产生了许多同质化的方案。最明显的是对明星的使用。一些明星高频出现在多个案例中，评委们阅卷结束却只记得明星，难以回忆起被推广的产品。根本原因在于执行过于依赖流量影响力，缺少和品牌相关的 ownable differentiated 的创意。

而即便在一堆执行周到的好作品中，想要遇到令人惊喜的创意也颇为不易。评委们认为，品牌应该花更多功夫挖掘精准深刻的消费者洞察，科技的发展也应该为挖掘洞察助力。在此基础上，无法被机器所替代的人的价值将体现在创意的质量上，营销从业者应该对此有更苛刻的追求和高标准，这也是作品能做多大、走多远的决定性因素。

我们为什么选了“那支口红”

本组评委推荐的全场大奖在不断筛选后最终在两个案例间经过激烈的争辩后产生。

名列前茅的案例都具备对受众洞察的准确把握、巧妙独特的创意和完美的执行。

扫码观看那支口红详细案例

在进入 PK 的最后两个候选案例中，其中“Metro-the daily catch”以简洁却紧扣主题的创意和直接明了的执行获得评委们的高度评价，应该说在复杂的营销环境中，这是一个难得一见的、可以称得上是干净利落的案例；而另一个案例“那支坚强的口红”则是基于消费者深度洞察，以产品为核心抓住了消费者的感情。

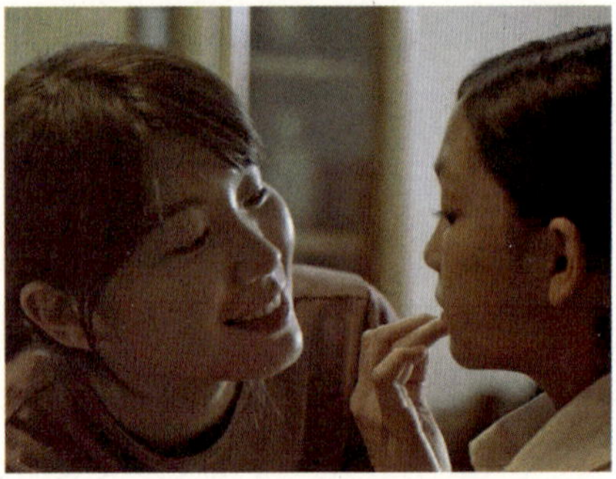

最终，评审组决定推荐“坚强的口红”为全场大奖。一方面，这个案例更符合金投赏对全场大奖的要求，即商业上的成功、创意结合了本地的风格、带来积极的正能量、给业界树立标杆。相比之下，“口红”的案例尤其在后两点上明显立意更高，更胜一筹。同时，评委一致认为，好的营销不仅是赢得对产品的关注度、好感度和消费触动，还应该是——打造品牌。一个好的有生命力的品牌是有目的的品牌，每一次的产品营销都应该为品牌存在的意义赢得更多的共鸣和情感认同。“坚强的口红”主张一支常用的彩妆可以为普通女性带来看得见的美和因此激发的自信，并且这种能量因为自然原生的示范效应而在母亲、女儿之间代代传递。案例以一个产品的视角展开，却落在品牌理念的高度，真正做到了既推广产品又加强了品牌的equity。这正是评委们希望看到的，也是金投赏对行业标杆的拉动。

进步的行业呼唤伟大的作品

不得不承认，高速发展的经济在带来很多商业机会的同时，也让竞争环境变得愈加艰险。

中国过去四十年独特的经济发展轨迹，尤其是近年来资本对市场的推动，更让这个市场产生了许多独特的营销挑战。

首先，有效的产品营销必须先被看到。本组都是来自品牌主的评委，对此进行了热烈的探讨。砸钱、强力刷存在感的营销是不是好营销？效果时代，媒体环境复杂，博到眼球已经不易，我们是不是还要坚持营销背后的理念？有评委评论道：“急功近利也许不是一个意图，却不幸是一个事实。”对此，大家的共识是，顺应时代和目标受众的变迁，我们的确需要与时俱进的手段，才能让今天的消费者“燃”起来。但即便是今天最年轻的消费者，也愿意选择更有意义的品牌提供的产品和服务。所以“燃”获得了他们注意的机会，而有立意的营销才能最终赢得他们的心和心甘情愿的消费。

其次，我们需要看到如今的竞争环境充满噪音。大多数品牌已经无法像以前那样每年计划充分后一板一眼地推出一波到数波 campaign。品牌必须在层出不穷、不断分散受众注意力的热点之间抓住机会来发声。评委认为：“快，也是一种差异化。”如何做到“核心硬，外延丰富”，即品牌定位、价值坚固，随机应变抓准热点、借势发挥，考验着新一代营销人的智慧和行动力。

第三，评委认为，我们也应该重新审视 IMC 理论。在信息泛滥、媒体结构复杂和注意力碎片化的情况下，受众在某个单一情境下被触及的概率远大于多情境同时被触达。如果营销方案360度中的某一度极具杀伤力，那也不失为一种非常有效的作战策略。

最后，这次评审让我们看到了很多好的作品，它们也代表了市场上营销人互相学习、取长补短后的惯用手法。作为来自品牌主的评委，我们坚定地相信品牌的力量。我们想说，营销的本质，除了要突破、要获得短期的商业回报，每一个短期的营销方案都应该符合品牌的定位，在品牌长期成长策略中扮演一个角色，从而使每一次或大或小的营销战役都能为品牌equity添砖加瓦。

这是一个最好的时代。我们需要最好的作品。我们追求和提倡的ROI应该是——刷得了屏，走得进心。

品牌2组评审报告

品牌组：作品全部来自代理公司（各类广告、传播、营销公司），包括创意代理、媒介代理、数字代理、公关代理以及各类新型代理公司。其作品来自公关预算和品牌预算。

评审主席：

胡　波　Volkswagen大众汽车集团（中国）首席营销官集团销售和市场营销负责人

监审主席：

董丽瑛　Nice Group纳爱斯集团副总裁

陈祖贻　Gap大中华区高级市场总监

费琪文　Pechoin百雀羚集团市场总监

华　瑾　SAIC-GM上汽通用汽车客户互联与体验事业部部长兼上海安吉星执行副总经理

林容丰　XDF新东方市场总监

谭嘉莹　Harbour City海港城副总经理

田　岚　Mengniu蒙牛媒体总经理

王月贵　JDB加多宝集团董事长特别助理，国际业务市场总监

谢　乐　Kimberly-Clark 金佰利市场副总裁
徐　蕾　INOHERB 相宜本草市场总监
杨曼曼　The Coca-Cola Company 可口可乐媒体总监
张济珍　China Unionpay 中国银联群工部总经理
卓文洁　YUM! Brands China 中国百胜餐饮集团资深媒体总监

承载“社会责任”的广告，更能引起社会的共鸣

这一点在此次品牌 2 组评出的金奖案例当中表现尤为明显。

其中包括宜家家居的“比手机重要的事”，通过年轻家长关注手机多于关注孩子和家庭这个十分严肃的社会话题，引起宜家目标客户群体之一的“年轻家长”的思考、共鸣和主动传播。当他们终于放下手机，将目光投向家庭和孩子的时候，“去宜家”就成了顺理成章的行动。

另一个让人印象深刻的案例是腾讯-普惠金融的 Remit Happiness。

在香港推广来自微信汇款产品的难度可想而知。此营销战役以在香港打工的“菲佣”这一特殊群体为突破口，直击她们为了汇款而大量浪费宝贵的休息时间这一痛点，帮助她们通过微信汇款实现既节省时间，又快速到账的美好体验。菲佣及其家人脸上灿烂的笑容令人过目不忘，微信汇款的说服力不言而喻。

受众的特殊体验和热心分享，是促成广告“主动传播”的催化剂

“我体验，我分享”已经成为中国年轻消费者一个十分重要的行为特征。对于某种体验的分享，往往成为朋友圈中跟帖最多的内容。

此次品牌 2 组的获奖案例当中，通过创造惊喜体验、促成消费者主动传播，从而实现优秀的广告收益的案例比比皆是。其中莫凡彼“CBD 无人机空降冰淇淋”的案例表现得尤为出色。以“无人机派送冰淇淋”这样独特、惊喜的体验，吸引莫凡彼冰淇淋的主要目标客户——都市白领争相体验、分享和朋友圈转发，让中国冰淇淋市场上初来乍到的“莫凡彼”品牌迅速成为朋友圈热议的话题。超乎想象的惊喜体验是品牌认知、品牌形象迅

扫码观看
CBD 无人机
空降冰淇淋
详细案例

速提升的催化剂。

具有针对性、与品牌和产品高度贴合的好创意仍然是广告取得成功的关键

此次获得金奖、银奖的参赛案例共同具有的一个重要特征是创意出色。聪明的、与品牌和产品高度贴合的创意是激活消费者主动传播的关键。即便在广告传播越发理性的今天，大数据、消费者洞察、高科技手段成为很多广告人关注的重点，但是这些帮助改善广告效果和收益的“工具”，只有依托“好故事”才能充分发挥它们的作用。在“科学＋艺术”的配方当中，“艺术”水准的高低仍然是广告成功与否的关键。

另外值得注意的一点是，“好故事”只有与品牌和产品高度贴合才能成为“好广告”。此次参与评选的案例当中，我们也看到一些故事虽好，但是与品牌和产品缺乏关联的现象；或者虽然存在一定的关联，却不能突出品牌或者产品的“过人之处”，甚至在同类品牌和产品之间具有可互换性。这种现象的产生，往往是广告投入大、收益小的重要原因。

我们为什么选“方太 AWE 整合营销——妈妈的时间机器”？

此次荣获品牌 2 组全场大奖的“方太 AWE 整合营销——妈妈的时间机器”可以说集中体现了以上总结的三个重要趋势，并且在每一个维度上都表现得可圈可点。

扫码观看妈妈的时间机器详细案例

这一案例从“妈妈由于把大量的时间用于操持家务，而不得不放弃追逐自己的梦想”这一社会性话题发端，引起社会和消费者的广泛共鸣，将方太以科技进步帮助妈妈实现梦想的有担当、有能力的品牌形象勾勒得十分清晰、饱满。广告当中充分展现方太产品如何帮助妈妈节省时间这个重要卖点，在以产品卖点支撑品牌形象的同时，直接说服消费者购买方太产品。

广告创意以神奇的时间机器切换梦想和现实的时空，以方太产品帮助妈妈完成从生活到梦想的穿越，显得新颖有趣，令人过目不忘。

展望未来，身处智能化时代的广告人面临着前所未有的机遇和挑战

大数据、云计算让我们对消费者的洞察和了解可以比以往任何时候都更精准、更深入。虚拟现实、人工智能等高科技手段让广告人几乎“无所不能”。

品牌和媒体生态圈的构建、行业之间的相互渗透和整合，让我们必须改变先前线性地考虑创意、受众和渠道的思维模式，开始综合、立体地思考生态圈营销的相互关联和总体效果。

广告的思维和手段正在经历实质性、革命性的改变。因此我们期待，在金投赏未来的评选当中，能够看到更多大数据、高科技、跨业态和生态圈营销的优秀案例，为我们共同探索未来广告营销的成功之路带来启发、指引方向。

效果组评审报告

效果组：作品全部来自代理公司（各类广告、传播、营销公司），包括创意代理、媒介代理、数字代理、公关代理以及各类新型代理公司。其作品来自效果预算。

评审主席：

许有杰　P&G 宝洁大中华区传播与公关部副总裁

监审主席：

乐大桥　TEXAS Instrument 德洲仪器亚太区市场传播总监

何伟荣　和记电讯（香港）有限公司市场总监

卜　扬　Suning 苏宁云商运营总部执行副总裁

陈敏鸣　Meituan/Dianping 美团点评市场营销副总裁

杜　冰　Mandarin Oriental 文华东方酒店集团中国区市场及商务发展副总裁

冯佳路　VIPShop 唯品会副总裁

黄向平　Gome 国美在线副总裁

李　博　Youzu 游族网络副总裁
刘艳晶　Ourpalm 掌趣科技副总裁
刘育健　PingAn 平安银行信用卡中心资深顾问
卢婷婷　IM30 龙创悦动联合创始人 & 首席运营官
宋　琦　Lianjia 链家首席市场营销官
孙　波　Ctrip 携程集团副总裁
王梅艳　Haier 海尔电器集团品牌运营总经理
徐华滨　Dji 大疆副总裁
徐俊华　万达网络科技集团品牌市场中心总经理，CMO
赵　敏　Wanglaoji 王老吉副总裁

为何将全场大奖给予“支付宝集五福创意整合营销战役”？

评审团的评委之所以在百忙中花费一天宝贵时间聚集在一起，是因为希望从这些大中华区的作品中获得灵感和启发。评委们认为 2017 年的参赛作品质量总体良好，但是让我们如此专业严格的评审眼前一亮的作品还是不多。评审团认为本届参赛作品在传播结果上都达到了参赛时宣称的效果。有四件作品给评审团留下了深刻的印象，两件来自内地，两件来自台湾。有趣的是，其中有两件属于公益营销，呼唤我们去关注和帮助社会中的一些特定群体。

这四件作品分别是：支付宝——集“五福”创意整合营销战役（内地）；104 人力银行——不怎么样的简历（台湾）；梅赛迪斯——“AMG Inner Force”，速度的味道（台湾）；稀捍行动——秀她所绣（内地）。

扫码观看
支付宝集五福
详细案例

经过激烈的讨论，评审团最后将全场大奖给了以微弱优势胜出的支付宝，依据是金投赏对于大奖设定的标准：1. 必须是商业上成功的，2. 代表中国创意风格的，3. 必须是积极的和正能量的，4. 代表行业标杆的。

在这四件作品中，支付宝的“五福”也许不是令人眼前一亮的创意，但却是真正传递出最深远影响力和获得最广泛触达的案例。经历了上一年“集五福”在执行上的过失和消费者的不满，他们积累经验，自谦自勉，新的一年“五福”活动王者归来，多方位出击，触动了中国消费者的内心，数以百万计的消费者参与其中。“五福”创意出色地运用了新技术和数字传播，仅仅花费了200万至500万元预算。有人可能质疑这个案例的成功基础是支付宝大量的用户，但是能够在铺天盖地的新年营销中脱颖而出，并吸引消费者参与其中，无疑是令人钦佩的。评审会现场的评委们都看到了或亲自体验了支付宝的“五福”营销，要知道，我们这些评委们可都是大忙人啊。

这四件作品的共同点吸引了我们的关注

评审过程中，评委们被这组作品感动着，体验着其中的喜怒哀乐。这些作品不仅打开了我们的思维，让我们重新思考，也使得我们愿意分享给朋友们，或让我们开始行动，或让我们改变自己的行为。最后，这四件作品打动评委们的是对人性的感动。

《在一起，过福年》：这个传播战役恰好抓住中国新年的契机，紧紧扎根于中国本土文化和习俗，讨巧地将中国新年和支付宝连接起来。他们创造话题，推动消费者口耳相传多渠道参与进来的方式值得称道。

《不怎么样的简历》：利用三位成功人士的简历去提醒人们在拒绝前再想一下，这看起来非常简单，但却非常引人思考。这个影片一直吸引观众，直到最后才揭晓谜底。这也就不奇怪变为病毒营销了。这个传播战役的不足在于，它所获得的商业价值，与支付宝案例的成功相比并不清晰。

扫码观看不怎么样的简历详细案例

《速度的味道》：如此出乎意料和具有颠覆性。利用人的嗅觉，将“速度的味道”放进瓶子，制作成香水，使得AMG的体验能够触达赛车手之外的人群——这个创意极具开创性。它创造出意想不到的惊艳体验，创造了消费者的话题，获得了品牌的传播。

扫码观看速度的味道详细案例

《秀她所绣》：为社会做善事，帮助弱势群体是天经地义的，也是这件作品吸引人之所在。稀捍行动没有将目光聚焦在少数民族的窘境和对他们的怜悯上，而是想出了一个简单的“口袋”创意概念，这种巧夺天工的平衡，

扫码观看秀她所绣详细案例

使得这个帮助弱势群体的项目变得易于参与，令人怦然心动。然而，它的劣势是传播面有限。

对这个行业的展望

独立地看，效果组的单件作品或许已经达到了预期的结果，评委们也认为是不错的作品。

然而，我们需要警惕，不能过度沉迷于短期效果而牺牲了长期品牌建设。正如一位评委所说："今时今日，品牌建设和真正的市场营销似乎已经成了奢侈品。"

众所周知，建立品牌就像在壮大你的银行账户。你需要花时间不断地往账户中存钱，以建立长远的价值和有差异的定位。话虽如此，达成业务数字也同样重要。如果没有达成商业效果，那也不会有所谓品牌。

但是采取一连串毫无关联的传播战役，或许可以达成短期的商业目标，最终却无法随着时间积累其品牌价值。因此，效果组作品的挑战在于如何融合短期商业效果和长期品牌效益。

我们有没有注意过那些最成功的品牌是怎样达成这个平衡的？他们的伟大创意或传播来自深刻的人性洞察，并以此为核心来融合各方面的环节。那些出色地做到这些的品牌就会越来越强大，并且通常可以经受住时间的考验。

媒体1组评审报告

媒体组：来自媒体主递交的作品，包括经典媒体平台的电视、报纸、杂志、户外、广播、体育及电影，以及数字媒体平台及技术公司，包括门户、视频、搜索、社交媒体、电商媒体平台、应用工具、移动信息流，等等。

评审主席：

黄浩挺　　Simei思美传媒首席执行官

监审主席：

张敬鸾　　Publicis Media阳狮媒体大中华区首席执行官

陈念端　Havas Creative Group 汉威士创意集团中国区首席执行官
程　宇　Pzoom 品众互动首席执行官
底　飞　GroupM 群邑首席投资官
梁启春　Hill & Knowlton 伟达公关中国区总裁兼首席执行官
林红霞　Mindshare 传立媒体中国首席运营官
林　真　Isobar 安索帕亚太区首席执行官
任妙玲　MullenLowe 睿狮中国区首席执行官
王　洋　EnergyTrust 安瑞信杰总裁
王艺桦　KEDA 科达集团副总经理 & 华邑品牌数字营销创始人/首席执行官
温铭辉　MediaBrand 盟博中国区首席执行官
徐凯波　Arvato 欧唯特首席执行官
姚晓洁　Allyes 好耶集团首席执行官
韦小婷　GURU ONLINE 超凡集团副总裁

内容衍生孵化的新品牌

这次获得全场大奖的是由世纪鲲鹏参赛选送的“看三生三世，品桃花醉酒”。无论是从品牌还是销售的各个角度来看，这次创新都是相当成功的。在桃花醉的示范探索之下，我们预计在不久的将来，内容衍生孵化的品牌和产品很快就将迎来一个迅速发展期。

创意也需要创新

很多广告人和品牌主都坚信创意的力量，但是随着消费者发生了明显的进化，媒体环境、传播的方式都产生了剧变，具体体现在电视剧开机率屡创新低，15 秒、30 秒的电视广告创意失去了往日在大众传播年代时的巨大魔力，创意也急需创新，短视频、创意中插、内容定制等创新的创意形式应运而生。

扫码观看 LEE：男生永远不会懂的终极难题详细案例

这次二更参赛并分获金银奖的是两支长度在三分钟左右的短视频《LEE：男生永远不会懂的终极难题》以及《多芬：男朋友不会拍照？你可能真的错怪他了！》。这两支视频的共同点就是策划一个社会性话题，选择普

扫码观看多芬：男朋友不会拍照详细案例

通消费者真实出镜，以纪实方式拍摄，多角度真实记录，形成实验场景的原生视频。这两支短视频在二更自媒体和其他视频平台上播放后，取得非常良好的传播效果。建议大家都去看看，和传统电视广告很不一样。

近年来，类似创意中插、创可贴的创新创意形式越来越受到广告主的青睐。所谓“创意中插”，是指在特定场景设计中，由剧中人通过“情景短剧”来演绎广告片，借助高流量网剧强势曝光，加之与剧情的无缝接轨，达到安利产品的作用。可以不夸张地说，创意中插正在创造不同于传统电视广告的一个新的巨大的商业创意空间。这次由爱奇艺参赛选送并获得银奖的爱钱进在《老九门》中播出的几支创意中插无疑就是其中的代表作品。

如果说类似创意中插还属于蹭热点的话，另外一种新的创意形式则更加新颖，即为品牌量身定制打造出一个全新的内容（这种内容可以是短视频、短剧，甚至是综艺节目），并尝试将此内容当作完整的 IP 内容资产去经营。比如说，这次获得金奖的一支作品，就是百事可乐借势《家有儿女》这个曾经轰动一时电视剧的人设，定制创造出《17 把乐带回家》视频短剧，把品牌想要传达的商业信息，结合用户在接受信息时的场景和心理，演绎成用户喜闻乐见、轻松接受的内容。前不久为通用雪佛兰量身定制的《真星话大冒险》明星综艺也是基于相似的逻辑，在浙江卫视播出后获得了相当的成功。此类为品牌定制的内容，不仅具有巨大的创意和再创造空间，而且产生出来的 IP 具有可延展性，可延续使用。

为何将全场大奖给“看三生三世，品桃花醉酒”？

扫码观看三生三世详细案例

粗粗看起来，泸州老窖在电视剧《三生三世十里桃花》植入了一个品牌叫做桃花醉，这只不过是一个植入式广告而已。尽管整个植入环节的创意非常出彩，执行也很到位，但是在影视剧中植入广告已经是遍地开花、司空见惯的今天，这似乎并没有什么特别之处。但是细细品起来，评委们发现了这个作品的一些独特之处。

第一，不同于以往影视剧植入既有品牌，这次泸州老窖是通过《三生三世十里桃花》反输出新品牌，将书中虚构的桃花醉孵化成为现实中的真实品牌，并专门定制出和书中描述一致的桃子味利口酒，为消费者提供了一种新的内容衍生品牌消费模式，这种做法无疑是一种创新。

第二，桃花醉还成功将剧集热度转化为品牌热度及产品销量，在剧集上线一个月就收回了成本。无论是从品牌还是销售的各个角度来看，这次创新都是相当成功的。

在桃花醉的示范探索之下，我们预计在不久的将来，内容衍生孵化的品牌或产品很快就将迎来一个迅速发展期。

阿里巴巴和腾讯在营销领域的对决

阿里巴巴和腾讯凭借其电商、社交数据和各自组队形成的媒介矩阵资源优势，能够满足广告主品效合一的需求。随着他们对于营销领域的日趋重视，正以降维打击的姿态，横扫传统媒体，甚至百度等互联网对手。

譬如，在这次获金奖作品中可以发现，百事可乐、宝马都是不约而同地以音乐作为内容载体，结合 AR 技术，进行腾讯全渠道直播和在线实时互动，利用腾讯视频所提供的生态化营销，实现平台化打通，获得了令品牌主非常满意的效果。此外，在获银、铜奖的作品中，我们看到了林肯、宝洁、奔驰、益达等一些有影响力的品牌都有和腾讯平台展开的非常出色的合作。

而阿里巴巴提出的“全域营销(Uni marketing)”这一营销理论体系，即以消费者为核心，以数据为能源，实现全链路、全媒体、全数据、全渠道的一种营销方式。这意味着阿里巴巴从电商业务延展布局而形成的庞大、多维的数据生态，将对当下营销业态产生深远的影响。对于品牌而言，阿里巴巴不再只是卖货的一个场所，而是变成了品牌营销的主阵地。

在这次获银奖作品中，我们看到了可口可乐 2017“年在一起”的成功案例就是阿里“全域营销”理论的一次出色实践。尽管在本组金投赏获奖作品中，腾讯系有相对于阿里系碾压式的优势，但是从实际营销战场上的预算“吸金”能力来看，阿里又具有明显的优势。

扫码观看可口可乐“年在一起”详细案例

阿里巴巴和腾讯在营销领域的持续发力，预示着广告媒体市场寡头垄断的新格局正式形成，可以预见这两大集团阵营今后两年将以迅雷之势攫取广告预算的最大市场份额，以央视为首的传统媒体还将面临更大的挑战。

从媒体的高度“集中化”到“去中介化”

由于互联网的普及，加之媒体的高度集中，未来传播“去中介化”已经不再是“狼来了”的寓言故事，而是一个必须面对的事实。尤其对于以代理模式为主的传统广告公司，如果不做专业的转型和升级，可以预料的是将来的日子只会越来越难过。广告公司要解决这一难题，还是需要从创新角度入手。本次金投赏获奖作品显露了一个非常明显的特点，即本土广告公司在传播的“创新”方面已经远远走在了业界前头。无论是通过内容孵化出新品牌，还是短视频、创意中插、内容定制等这些创新的想法，都是起源于本土广告公司，并且通过实践，获得了巨大的成功。

媒体2组评审报告

媒体组：其作品来自媒体主递交的作品，包括经典媒体平台的电视、报纸、杂志、户外、广播、体育及电影，以及数字媒体平台及技术公司，包括门户、视频、搜索、社交媒体、电商媒体平台、应用工具、移动信息流，等等。

评审主席：

徐　俊　　GroupM 群邑中国首席执行官

监审主席：

李桂芬　　Dentsu Aegis 电通安吉斯中国区董事长

陈子洁　　BBDO 大中华区首席执行官

莫熙慈　　DDB 中国区首席执行官

南龙植　　Cheil 鹏泰首席执行官

邱继弘　　cacaFly 圣洋科技执行长

沈晨岗　　Sino Group 深诺集团董事会主席

熊　剑　　BlueFocus 蓝色光标传播集团首席数字官

叶国洪　Possible蓝互动创始人暨首席执行官
张曼华　Ogilvy上海奥美集团总裁、奥美公关中国及中国香港地区总裁
郑晓东　LEO Digital利欧数字网络总裁首席执行官
朱培民　NIM新网迈广告总裁

用户体验升级，新技术与新媒体渠道成为营销热点

综合来看所有参赛作品，业内人士对新媒体科技和环境的应用水平明显提升。无论是AR、VR这些带给用户全新体验感的新技术，还是直播、短视频等充分调动受众参与的新媒体渠道，这些新的营销手段和技术不同于任何一种既成定义的媒体形式，作为数字化营销时代的新产物，其对用户体验升级起到至关重要的作用。例如"百事可乐千万拜年礼，创新技术玩出新花样"这一案例，借势手机QQ春节红包创意玩法，借助其LBS功能实现地域定向投放，推出"AR+LBS"创新红包，线下触达用户，为线上推广激活用户关注的传播路径。

扫码观看
百事可乐
千万拜年礼
详细案例

但从另一个侧面来看，结合新媒体、新科技、新知识的创意范例仍然偏少，没有展示新的可能性，期待将来可以看到更多这种有机的创意新组合。

挖掘大数据的力量，助力精准营销

碎片化传播时代，要洞悉消费者的兴趣点，把握住传播的最佳时机、平台，这就需要品牌充分挖掘大数据的力量。"大数据挖掘"几乎出现在每一个案例中，成为营销活动的基石。例如"猫途鹰，我们走！"案例，猫途鹰告诉你品牌如何与用户"做朋友"，从简单的洞察出发（"每个人的朋友圈都会有朋友在晒旅行"），精准识别目标境外旅游人群，通过互动形式的朋友圈广告，及相似人群拓展、活跃人群复用和再营销，与目的地旅游局、航空公司深度合作等，精准触达受众，获得了较好的效果。

扫码观看
猫途鹰，我们走
详细案例

"承诺胶带"获得全场大奖的奥秘：走心的营销更动人

苏宁易购"承诺胶带"，巧妙借助快递包装盒作为传播载体，将五种珍

稀野生动物的图像打印在胶带上。

扫码观看承诺胶带详细案例

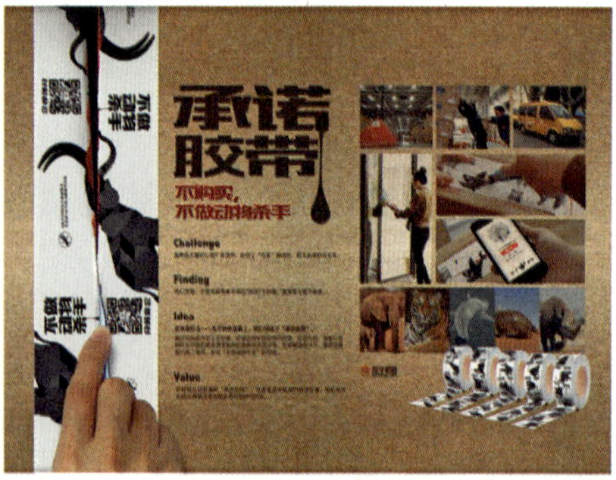

消费者收到贴着“承诺胶带”的快递，划开胶带时，微量红色颜料渗透出来，如同动物被杀害后流下的鲜血，具有极强的警示性。扫描二维码后，可在 Html5 页面上阅读这些动物对环境保护和人类生存的重要信息。

按下按键，承诺“不购买，不做动物杀手”并转发信息。通过这一创新的举动将“快递盒”变成又一媒介形式，同时利用胶带的特殊材质唤醒公众的动物保护意识。用极具人文关怀的公益性打动消费者，引发用户共鸣，是这一案例最独到的亮点所在，这也是本组评审推荐其为全场大奖的原因所在。

在所有媒介的运用上，创意红利总是存在的，需要营销人员充分掌握不同媒介形式的特点，在大的创意内核的驱动下，将媒介的价值发挥到最大。然而，有点遗憾的是，相较参赛作品的数量，真正令人眼前一亮、拍手称快的案例还是太少了，用大预算做媒介的堆砌，而不是深挖媒介的效率和组合；大数据帮助实现营销精准化的同时，却缺乏深刻的洞察，big idea 弱，不够走心；对营销技术的过度重视反而弱化了创意本身等问题造成了许多同质化的方案。获奖的品类多是和消费者靠得很近，如餐饮类、食品类和网络时代新平台，或是投入比较早的汽车类，其他品类的作品较少。

展望未来一年，技术将在媒介形式中发挥愈加重要的作用

不断提升在创意展示过程中的戏份，增强现实、虚拟现实、人工智能、全景视频等新技术将会更广泛地被应用到各类品牌创意之中。营销人员将更深入挖掘大数据的价值，以更系统性、标准化的操作去提高营销的精准性。

而在跨界方面，各类品牌、IP 的联名合作将会更为深入，不再停留在一

些简单的形象元素的交互使用，而是会有更切合、深入的创意玩法。

我们所见的营销升级与变革，都意味着营销人员要更专注于提升用户体验来反哺创意的实际投放效果，从消费者的品牌视角出发，面对电视、网络、直播、户外等各类媒体平台，以技术为手段增强用户体验，创作浸入式内容，带动消费者的情感共鸣，调动大数据的力量让营销在感性的同时变得精准高效，直击用户痛点。

企业组评审报告

企业组：2017年首次设立由品牌直接参赛报送的类别。

评审主席：

周健工　　CBN第一财经首席执行官

监审主席：

蒋青云　　Fudan复旦大学市场营销系主任

华思远　　Deloitte德勤管理咨询合伙人

贾建民　　CUHK香港中文大学市场学系主任

康　健　　Forbes福布斯主编

吕　巍　　Shanghai Jiao Tong University上海交通大学教授

叶慈平　　PWC普华永道管理咨询合伙人

张惠辛　　China Advertising中国广告杂志社社长

本届企业组获奖作品的共同点

企业组今年入围作品69件，最终有8件作品获奖。这些获奖作品各具面貌，反映出企业目前在复杂的商业环境中对商业创意方面的努力，和不断创新所付出的行动。要说具有共同点的话，大致可以归纳为以下几个方面：

第一，受众聚焦程度高。这次获奖的企业及其品牌，基本上都聚焦于年轻族群（主要是80后和90后），他们是社交网络的主体力量，也是线下活动的积极参与者。在全渠道传播的今天，抓住他们就赢得天下。因此，网易云音乐、唯品会、I Do、优衣库和优酷等大多数企业将目标受众定位于年轻群体，通过关注他们的情感需求来获得品牌共鸣。这样的创意虽然中规中矩，但只要传播策略得当，就会达到效果。

扫码观看网易地铁详细案例

第二，高阶需求关注多。处于消费升级的时代，顾客的需求升级趋势明显。顾客们已经不再满足于基本的吃穿用，而要吃得更有涵义、穿得更有个性、用得更有意义。2017 年的企业商业创意内容，在这方面呈现出重要的特点。如网易云音乐，通过在地铁上呈现能与受众引发共鸣的乐评，而拉近了与受众之间的距离，扩大了社会影响；再如优衣库，将世界文化引入服装设计，将运动场景引入服饰营销，体现出品牌对顾客内心需求的洞察，那就是服饰其实是情趣的投射、内观的外现，等等。

扫码观看 I Do 详细案例

第三，音乐成为情感表达的“硬通货”。音乐一向是无需翻译的人类通用情感语言，这在本届企业与商业创意案例中也是一大亮点。企业及品牌传播，无论是展现产品或品牌内涵，还是激发品牌情感，都可以通过音乐来表达。这次获奖企业中，I Do 品牌的两个案例都是通过音乐来表达“I Do 婚戒不仅仅是珠宝，还寄托着世上最温暖的情感”。无论是专属爱情演唱会，还是陈奕迅唱 I Do 给你听，都起到了情感催化剂的作用；唯品会和周杰伦联袂演绎“年轻就是多 Young”，显然也是将音乐作为品牌情感的载体。即使在主要创意不完全与音乐相关的案例中，音乐也是品牌传播的重要元素。

第四，全空间互动传播效果。移动互联时代的品牌传播，特别是面向年轻族群的传播，必须是能够穿越现实空间和虚拟空间的全空间互动型传播，这样才能赢得足够的声量，凝聚应有的人气，获得理想的 ROI。

全场大奖的获奖原因

本次企业与商业创意内容组全场大奖是“网易云音乐‘看见音乐的力量：乐评专列’”，在评奖过程中几乎获得了所有评委的高度褒扬。究其原因，应该是用音乐和乐评，触及了受众内心柔软的部分，从而实现了音乐与人们情感的共鸣，让人们看见了音乐的力量。

首先，这一传播活动效果非凡，影响深远。虽然这是移动互联时代以现实场景演绎的创意传播活动，但经由媒体的传播和社交网络的推送，达成了在目标受众人群中大范围的认知和情感效果，覆盖了两亿名乐迷，引发了现象级的疯狂传播，“网易云音乐”的百度指数、微信指数等大幅飙升，更在 App Store 音乐类排行榜中一度跃至首位，成为引爆全国的标志性营销事件，取得了极大的商业成功。

扫码观看
看见音乐的
力量详细案例

其次，这一事件巩固了网易云音乐的行业领导地位。这一创意传播很大程度上为媒体 O2O 传播战略的行业标杆实践之一。传统的地铁车厢广告主要采用线下传播方式，重在氛围塑造和受众参与，这一点在网易云音乐乐评专列中也得到了应用，但这一创意将其与线上互动完美地结合起来。从线上 4 亿条乐评中筛选出 85 条最能打动人心的 UGC 乐评，制作成海报张贴在地铁专列上，而与此同时又将线上推广、互动分享和内容营销等策略导入乐评专列，从而构成了 O2O 闭环传播。这样围绕特定主题展开线上线下全面互动传播的成功案例，是不可多得的行业标志性传播案例之一。

再次，这一创意传播具有中国特色。这主要体现在受众选择和传播形式之上。众所周知，自“中国好声音”风靡中国之后，音乐类的娱乐节目一直深受中国年轻族群的喜爱。网易云音乐经过受众洞察发现，地铁族多数是年轻族群中相对资深的 70、80 后，他们在逐渐褪去青春印记的过程中，必然会产生一些内心的孤独感，而这样的孤独感需要借助一些外部的力量宣泄，这样的力量是音乐能够带来的，而由受众自己写的经典乐评则可能是激发受众内在情感的火花。在传播形式上，公众号和微信等社交网络的重度参与也是极富中国特色的。

最后，这一创意传播也是一次弘扬正能量的情感性传播。乐评专列采用红色色调，固然是出自网易音乐的标志色，同时也是激情和力量之色。此外，就创意活动所选择的 85 条乐评内容而言，也大都是自我觉醒、友爱互助、情感坚持和宽容等一系列正面情感的表达。

因此，总体上看，网易云音乐的创意内容传播达到了内容与形式的和谐统一，线上与线下的有机整合，社会效果与商业效益的完美结合，是一次精心策划、赏心悦目和情感共鸣的成功传播案例。

获奖作品对未来行业发展的启示

这次获奖作品虽然在内容和形式方面仍然存在许多不足，但总体上代表了商业创意内容领域近年来的一些新的发展趋势。

第一，内容为王是第一准则。评委们共同推荐的网易云音乐，胜在运用技术手段筛选出最能代表受众心声、引发受众共鸣的85条受众创作的乐评，从而达成现象级传播效果，就说明了内容始终是创意需要关注的第一要素。

第二，多侧面整合创意传播将有助于建立立体和丰满的品牌形象。从这次评奖过程获取的案例来看，越来越多的企业提交了关于同一品牌的多个创意案例（如I Do、优衣库等都提供了多个案例）。表面上看，似乎是申报企业的报奖策略，但仔细看优秀的案例，就会发现其实这是企业整合营销传播的几个侧面。由于顾客需求的多样化以及顾客需求的多变化，因此企业需要根据市场、竞争状况，通盘考虑品牌对于目标市场的影响，于是针对受众各个方面的需求差异，整体策划多侧面多形式的品牌传播方案，才能保证品牌效果尽在掌握中。

第三，洞察受众需要，凸显中国创意特色。商业创意内容的受众是人，他们有功能性需要，更有社会性和情感性需要。而后者是根植于历史和社会文化的内在或外在需要。在中国要成功有效地展开商业内容传播，必须懂得中国人的价值观念、社会结构和社会互动方式，理解中国受众的情感关怀和情感表达方式。

制作组评审报告

制作组：由广告制作公司直接参报的案例，包括影视制作、平面制作、数字制作、插画以及三维后期音乐等相关行业的公司。

评审主席：

黄光锐	McCann & Spencer 首席执行官暨创意总裁

监审主席：

李自强	Live Nation 中国区主席
Bryce Whitwam	Wunderman 伟门中国区首席执行官
狄运昌	KHL Media Group 创意长
刘凯杰	M&C Saatchi aeiou 大中华区合伙人 & 创意主席
刘　阳	Amber 琥珀广告创始人
吕　曦	CC&E 英扬传奇创始人
史舒海	Bluedoor 蓝门广告创始人
谭　旻	Ogilvy Fashion & Lifestyle 奥美时尚总裁
谢建文	Civilization 文明广告总经理
余　雳	Serviceplan 卅六策中国区董事总经理
郑以萍	PUBLICIS 阳狮中国区主席兼首席创意官
钟锡强	WE Marketing 威汉集团创始人暨首席创意官董事
诸铁众	MSL 明思力公关董事总经理

本届企业组获奖作品的共同点

参赛作品整体水平比过去有进步。换句话说，随着金投赏的影响力增强，其入围的标准和获奖的难度提高了。

优秀出色的作品不多，可以令评审们兴奋和讨论的不多，背后的原因也可能是目前的竞争环境太激烈，营销的周期越来越快，以前一条电视广告可以投放半年甚至一年以上。

目前几周的一个频次使企业没有太多时间去等待一些高制作水准的作品。大部分参赛作品拍摄视频的制作已经达亚洲水平，但题材和说故事方法却太相似，集中于独白式言情这一套路，我们还是需要呼唤制作中的创新。

平面设计方面则稍逊色。在设计中鲜见带有中国元素和风格的作品。而电脑修图的作品在技术上也许修得非常细致，但总觉得缺少制作中人的温度，失去创作人和制作人的神髓。

传统影视制作公司受到了视频网站 In House 制作团队的冲击，近几年视频网站直接报送作品的质量越来越高，虽然在专项大制作上，传统的影视制作公司还有一点优势，但是视频网站内部制作团队因为有更多的客户、预算和平台，这也使他们的迭代速度会更快。虽然从长远来看，视频网站和制作公司是一个合作生态的关系，但是短期内一些没有转型的影视制作公司还是会受到影响。

为何将全场大奖给“OPPO 小人国之奇幻冒险”

全场大奖是各评审经过深入讨论且一致同意下选出。主要讨论点有两个：第一是大家应该侧重创意抑或重视制作为主；第二是否需要具备中国风格，还是在中国作品中提倡国际水准。

最后评审团一致认为，因为这个类别是制作组，故以倡导作品之制作水平为重。

扫码观看
oppo 小人国
详细案例

每个评审都具备非常丰富的制作经验，都以作品的整体感觉，以及金投赏的评审标准来进行打分的，因此获得全场大奖的作品，都是经过各位制作组评审的严格眼光而选出的。

金投赏制作组奖项的未来

制作组奖项是金投赏所有类别中历史最久的一个类别，近几年从制作组参赛作品的数量上可以看到，传统的影视和平面制作的数量正在急剧下降，这是因为从企业角度，传统的电视广告和平面广告的投放急剧萎缩。

广告制作业也面临着巨大的转型。但从另外一个角度，我们也欣喜地看到，数字制作、交互制作的行业也正在兴起，而且中国近几年新型平台上如 VR 制作和 AR 制作也展现出生机勃勃的力量。

虽然传统的老制作公司正在衰落，但我们也看到新兴的制作公司正在崛起。希望明年看到越来越多这样新的公司参与金投赏，我们也期待更多的新兴制作力量加入进来，看到更多新的作品。

产品组评审报告

产品组：由企业产品研发部门直接报送的奖项，包括全新产品和更新产品，以及由服务公司报送的工业设计服务、交互设计服务和整体设计服务。

评审主席：

刘　德　　MI 小米副总裁

监审主席：

李　琦　　R&D DESIGN 杭州瑞德设计股份董事长

雷海波　　TAIHUONIAO 太火鸟创始人

丁　伟　　MOMA 木马设计集团董事长

丁长胜　　NEWPLAN DESIGN 嘉兰图总裁

刘力丹　　Designaffairs 中国区执行总裁

罗　成　　ARTOP 浪尖董事长

吴　剑　　Haier 海尔集团创新设计中心总经理

杨明洁　　YangDesign 杨明洁设计顾问创始人

姚　远　　Midea 美的集团生活电器工业设计专家

余　飚　　Feish Design 飞鱼设计总经理/创始人

以商业价值为核心的“金投赏标准”的机会与突破

以商业价值作为评价标准，表达了对商业的充分尊重和对效率的追寻。从评审团遵循的评价标准来看，商业价值作为本届金投赏的重要价值指标，优点是关注产品的商业价值，重视企业效益和效率。同时需要考虑到很多产品的销售不仅与设计有关，也与产品价格、产品品类以及上市周期有关，未来在评审中关注这些要素，做到社会创新与商业价值的更完整统一。

关于来自两大领域行业洞察

从工业设计来看,商业企业对工业设计给予强化和重视,工业设计进入快速发展期,设计师也从单纯的设计服务转向设计创业,甚至成为企业的领导者。今天设计的价值一再放大,从被动转向了主动,从节点价值转向了系统价值,从设计服务转向了创新驱动。从智能行业来看,产品智能化的趋势日益加强,从2017年选送的产品中已有明显体现。出现这一现象的原因就是从产品时代到信息时代即今天物联网时代的转变。物联网时代不仅关注产品的使用价值,更多关注产品的系统价值和服务价值,智能化趋势给各个行业带来全新的变化。

设计与产业融合成为趋势

设计是驱动产业价值创新的原点,产业是将设计物化并转变成商业的放大镜,站在今天这个时间节点上看待设计和产业的关系,这个探索本身就非常有意义。从金投赏的作品和评审的观点来看,设计在今天与产业的融合,有三个重要的机遇和可能:第一,设计从节点价值转向系统价值。过去的设计是整个价值链和产业链当中的一环,设计是被动地去服务于产品创新,商业竞争力更多是依靠制造、效率、营销。但是今天随着中国制造业产能过剩、电商红利消退,让大家重新开始关注产品自身的价值,设计在整个链条当中的权重开始上升。连续两届摘取产品组全场大奖的方太水槽洗碗机和吸油烟机的产品全价值链创新,以及本届金投赏全场大奖"摩拜单车"产品和模式的协同创新,充分展现出以系统价值为核心的设计导向。所以设计不仅是整个产业活动的一个节点,更重要的是渗透在整个产业发展当中的各个方面,从产品的定义、设计、营销传播,再到品牌和社群的运营,设计的价值变得更加重要。

第二,伴随设计价值放大,设计师的角色谋划转变。今天的设计师从实现者不断推向谋划者,预知到商业变迁的发展路径,并引导大家在困境中突围并达到目标,成为整个商业创新的要素力量。

第三，设计师从服务意识向主体意识转变。服务意识是命题作文，由甲方确定方向与价值，设计师来完成设计执行。但是今天随着商业快节奏的变化，让寻找市场变得更加重要，我们不仅要知道怎么去做，更要知道做什么。当我们转变成主体意识之后，我们的判断就不再简单地输入甲方的判断，而是直面市场的判断。运用大数据开展用户研究，商业洞察在我们的设计意识当中变得更加重要。从角色的转变到意识的转变，已成为未来设计师的核心素质。

为什么将全场大奖给“摩拜单车”？

“摩拜单车”产品和模式的协同创新，充分展现出以系统价值为核心的设计导向，体现了设计不仅是整个产业活动的一个节点，更重要的是渗透在整个产业发展当中的各个方面，从产品的定义、设计、营销传播，再到品牌和社群的运营，设计的价值变得更加重要。

扫码观看摩拜单车详细案例

另外，“摩拜单车”获得全场大奖，也符合金投赏全场大奖的四个标准：商业上成功的，代表中国创意风格的，积极正能量的，具有行业标杆的。

未来设计凸显多维共创格局趋势

产品设计强调“物理逻辑”，通过新材料、新工艺、新技术、新模式的共振，给用户带来使用价值；交互设计强调“行为逻辑”，通过信息的链接与体验的优化，给用户带来体验价值；服务设计强调“系统逻辑”，通过对服务流程的定义与再设计，串联产品、体验服务系统；品牌设计强调“心智逻辑”，通过品牌内涵在视觉上的投射，与用户建立更加友好的沟通。

新科技促动设计范式的转变

范式不等同于模式，范式是一个复杂系统的底层运行逻辑，强调这个系统的价值观、信念、信仰和习惯。设计范式在今天产生了重要的转变，简单归纳就是从产品时代到信息时代再到物联网时代。产品时代强调色彩、工艺、结构等物理逻辑；信息时代强调交互、体验、平台价值等行为逻辑；物联网时代强调服务设计和共享，比如说CPS信息物理系统，就是信息和物的绑定，绑定之后产生了数据、传感和传输，产生了服务。未来，我们对产品的态度不是为我所有，而是为我所用。商业上企业从制造、销售产品转向运营产品，从关注单点价值到关注社群和以围绕用户为核心的360度需求。

智能化、服务化、场景化的趋势

物联网时代万物互联，人工智能的发展让产品有了智慧，可以进行模拟、计算并解决相应问题。服务化强调线下、线上和新服务系统的贯穿，突破了物理世界和虚拟世界的边界，走向融合；场景化让我们在寻找变化的生活空间、变化的场景过程中出现新的机会点。智能化、服务化、场景化是未来产品发展的一个趋势，既是我们面临的挑战，又是机遇的源泉。

金投赏搭建了一个平台，建立了一种标准，激活了跨界观念的融合与碰撞。我们身处设计行业，面临多维挑战和机会，面对未来要创造更多适合商业和用户的产品以回报社会与商业！

后记

感谢金投赏所有评委在百忙之中为推动中国商业创意作出的奉献。

我们相信这个趋势报告会让所有的参赛公司更理解每年评审背后的标准、逻辑和故事。

我们也期待2018年金投赏能继续得到您的支持。

金投赏组委会

2017年10月19日

第十届金投赏创意峰会实录
（2017 年 10 月 16 日至 19 日）

金投赏十年志——所有大创意的背后是信任

贺欣浩　金投赏创始人 & 总架构师

信任一定需要两个以上的人才会产生，时间是彼此成长的土壤，空间是共同呼吸的空气，尊重是相互流动的血液。我们坚信，因为有信任才会有伟大的创意！金投赏十周年，感谢所有客户、伙伴以及志愿者给予我们最大的信任！

扫码观看 2017 金投赏
创意峰会视频实录

新浪 Sina：“？”

杜　红　新浪首席运营官兼总裁

卜　扬　苏宁云商营销总部副总裁

杨大勇　长安汽车品牌公关部总经理兼新闻发言人

李　博　游族网络副总裁

顾　彬　携程无线市场部总经理

扫码观看 2017 金投赏
创意峰会视频实录

营销的变化，归根到底是技术变革引发的内容消费方式改变和内容生产方式改变，新的内容生态呼之欲出。在坚守内容品质的基础上，新浪从运营驱动转变为产品驱动，从人工创作转变为 AI 辅助，从编辑推荐转变为智能分发，从门户升级为“智能媒体平台”。实现了内容、用户、场景三位一体的智能分发，不仅能够提供更丰富、场景化和个性化的内容阅读体验，也为营销提供最高效的解决方案，为客户带来更高的商业价值。

这个时代注定用智能来改写，营销的价值正在被重新定义。新浪的新和心，与你同行。

阿里文娱——智能营销平台 Alibaba Group UC：双“智”双“芯” 全知新媒体

赵　婷　阿里文娱智能营销平台销售副总裁

解王燕　58 集团副总裁

侯静雯　凯络中国 CEO

顾嘉颖　广汽菲克销售公司首席营销官

傲天无痕　知名 IP 作家

崔嘉卉　阿里文娱智能营销平台大客户销售部总经理

夏　海　阿里文娱智能营销平台营销顾问部总经理

扫码观看 2017 金投赏创意峰会视频实录

移动营销蓝海广阔，如何激发和掌握用户兴趣开展智能营销已成为必然趋势。阿里大文娱旗下智能营销平台整合多端媒体资源倾力打造全知新媒体，通过“人工智能＋人脑智慧”，以多维度数据核“芯”（浏览数据、搜索数据、位置数据、社交数据、兴趣数据等）洞察用户行为，结合阿里集团旗下多端媒体创“芯”（UC、UC 头条、土豆、文学、影业、音乐、体育等）触发用户兴趣，为品牌广告主智造强而有效的营销解决方案，打造全新的智能营销生态模式。本次金投赏是阿里文娱智能营销平台首次亮相，我们将携知名客户代表、行业专家及著名 IP 创作者，一同探讨在内容为王的时代，全知新媒体如何帮助品牌广告主实现更大的营销价值，敬请期待。

360：未来已来——场景思维　打造 360 营能营销

杨炯纬　360 公司商业产品事业部总经理

颜水成　360 集团副总裁、首席科学家及人工智能研究院院长、新加坡国立大学副教授

陈建豪　“安布思沛中国区 / 北亚区数字绩效品牌 CEO，电通安吉斯集团中国区首席创新官”

薛贵荣　天壤创始人、CEO

丁海云　苏宁云商集团广告经营中心常务副总经理

人工智能的发展为消费者提供了成为更好自己的可能，从而追求更加定制化的生活轨迹。这就对营销的精准化和场景化提出了更高的要求。

360 推广基于人工智能在营销领域的深度应用，布局内容产品实现全场景覆盖，针对目标人群精准构建消费场景，帮助品牌把握未来商机，帮助消费者实现对更便捷生活的期待。

场景时代已近在眼前，360 推广的全场景营销致力于在这个临近的未来中让品牌与消费者建立更深的链接，为广告主创造更具潜力的商业价值。

扫码观看 2017 金投赏
创意峰会视频实录

搜狗 Sogou：AI+ 让营销更智慧

孙　霏　搜狗品牌销售部总经理
李　琳　搜狗输入法产品总监
赵轶俊　华扬联众副总裁
蒋炜航　宜信指旺财富总经理
张　默　资深主持人

扫码观看 2017 金投赏
创意峰会视频实录

当前，AI 已经在自动驾驶、智能家居等各领域中得到实际应用，我们称之为“AI +”。基于大数据的积累和深度算法技术的提升，搜狗输入法和搜狗搜索将升级为智能对话系统和智能问答系统。这种技术方式的进阶，为搜狗带来营销方式的变革。未来，伴随输入和搜索的同时，用户可以直接获取精准相关的内容，内容是根据用户的即时需求呈现的信息，从而实现“表达即获取”。2017 年，搜狗已经与通用、迪奥、京东等诸多品牌广告主进行合作，实现这种颠覆式智慧营销。

京东 JD：数据智能拓展营销边界

颜伟鹏　博士，京东集团副总裁，商业提升事业部总裁

高速发展的京东，正在从渠道商到零售基础设施服务商的转型。特别是在营销领域，京东要做的不仅是为品牌商提供一个销售平台，更希望基于大数据，帮助品牌商进行精准营销、把握消费趋势，洞察市场机会，提升品牌竞争力。而在这个过程中，数据智能发挥着重要的作用。那么京东如何布局数据智能？数据智能如何高效应用在京东的营销产品和解决方案中？敬请期待京东主题分享《数据智能拓展营销边界》。

扫码观看 2017 金投赏创意峰会视频实录

利欧数字 Leo Digital Network：资本重构中国数字行业格局

郑晓东　利欧数字 CEO
刘　阳　利欧数字首席品牌官
莫康孙　MATCH·马马也 创始人
戴怀宗　SEB（赛博集团）亚太区副总裁
杨宗灵　世纪鲲鹏董事长

扫码观看 2017 金投赏
创意峰会视频实录

全球市场正在经历一场数字变革和数字化转型，数字时代的品牌迫切需要多渠道、持续性和实时性的品牌内容。单一碎片化的服务已不再能满足品牌的全方位需求。资本的涌入，让数字营销代理商有机会完成对全产业链的整合，重构传播，实现“以消费者为核心、以数据为导向、以内容为目标”的生态化布局；同时，资本让数字营销代理商有能力冲破传播圈的桎梏，重构传播边界，跨界娱乐内容、生活服务、科技创新等各方面，推动中国互联网的整体发展格局。2017 年金投赏，利欧数字将带来创新的“数字化商业转型”生态理念，探讨中国数字行业未来更多的“想象力”和“可能性”。

安索帕中国集团 Isobar China Group:

KFC+安索帕 我们如何用未来科技和创意，重塑营销和服务

林 真 “安索帕亚太区 CEO”
李 波 百胜中国控股有限公司企划高级副总裁

数字化正在改变着这个时代。然而，仅仅用数字化来形容我们面对的改变，又未免过于笼统。从互联网的诞生，到.com 时代的繁荣，智能手机的兴起……数字化正在以不同的形式，通过不同的科技，推出各种终端，从头至脚地改变每一个行业。

如何用未来科技、数据、算法结合商业模式和品牌创新，重新定义营销和服务，是 KFC 近年来不断投入的方向；如何激发数字与创意碰撞，驱动商业及品牌转型，进而惠及普通人的生活，是安索帕想要解决的议题；两个业界领先的品牌，在这一共同的数字化挑战下，携手开始了一系列新的探索。

扫码观看 2017 金投赏创意峰会视频实录

谷歌 Google：AI 创造营销新可能

Scott Beaumont　Google 大中华区及韩国地区总裁
黄介中　Google 大中华区首席市场官
欧阳靖 MC Jin　演员，说唱歌手
连　笑　围棋职业八段

科技的飞速发展改变着我们的生活。但这仅仅是个开始，人工智能的崛起将极大加速科技变革。秉承“A. I. 优先”的创新理念，Google 一直致力于将 A. I. 普及，那么在数字营销领域，A. I. 又能如何服务人类？在这个最好的时代，你，准备好拥抱人工智能了吗？

扫码观看 2017 金投赏创意峰会视频实录

苏宁 PPTV SUNING PPTV：FUSION FOR FUNS

娄一晨　苏宁体育传媒事业部副总裁 足球评论员
米　昕　苏宁文创集团 COO
曾　钢　苏宁体育传媒事业部 常务副总裁
胡金慰　视通传媒 总经理
杨仍魁　青岛啤酒股份有限公司 青岛啤酒品牌推广总监
张　鹏　体奥动力（北京）体育传播有限公司 副总裁

扫码观看 2017 金投赏创意峰会视频实录

Fusion，Football Union Suning Ideal Open N+ 苏宁体育传媒以足球为核心介质，链接苏宁集团六大产业优势，开放视野，分享交流，突破边界，融合创新。从“比赛的过瘾，到生活的高效”，打通体育营销全价值链。品销合一，将体系的优势转化为合作伙伴与用户实实在在拥有的权力。岂止所见，希望更多合作伙伴与我们一起挖掘体育营销新模式，共享产业红利，共同创造更多价值与乐趣。

腾讯社交广告 Tencent Social Ads：创于数　见未来

张敏毅　腾讯社交广告部副总经理

车　祁　百威品牌亚太北区市场副总裁

郑以萍　阳狮中国区主席兼首席创意官

罗　莹　电通安吉斯中国 Chief Data Officer 及首席品牌官

栾　娜　腾讯网络媒体事业群副总裁兼广告客户部总经理

未来数据和技术在营销领域，应该发挥怎样的价值？作为数据的持有者，媒体如何“赋能”于广告公司和品牌？

扫码观看 2017 金投赏
创意峰会视频实录

猎豹移动 Cheetahmobile：智能营销　应趣而生

傅　盛　猎豹移动 CEO
张泉灵　猎豹移动高级顾问，紫牛基金创始管理合伙人
周　品　猎豹移动高级副总裁
谢　乐　金佰利中国市场副总裁
张　川　美团点评集团高级副总裁
权　静　猎豹移动市场部总经理

扫码观看 2017 金投赏
创意峰会视频实录

从智能到智趣，不只是让营销更具智慧，也让人们的生活充满了乐趣。智趣是营销在人格化行进快轨中的一个站点，是在于发现生活当中的美，它已不止于数据的统计、概率的分析、标签画像的识别，而是立体化地展现站在镜面背后的用户，让喜悦、兴奋、快乐都与屏幕共振，让心情随景而变，让人们在移动互联网上触场景生情，让营销匹配用户的兴趣，从而实现"智趣"未来。

传立媒体 Mindshare：游戏改变世界

林红霞　传立中国首席运营官
周　豪　WE 俱乐部创始人、伐木累 CEO
林　松　拳头中国周边团队
艾　力　新东方集团演讲师、游戏双语主持、奇葩辩手
王柏麟　传立中国创新内容总经理
宗国宁　欧莱雅（中国）大众化妆品部品牌管理总经理

扫码观看 2017 金投赏创意峰会视频实录

多个世界级头部游戏 IP 的中国首次跨界合作，均诞生于传立！

这是数据调研落后于媒介快速演变的时代，数字已经很难计算媒介、内容的变化和想象的空间。消费者主导的商业社会，往往变化无常和难以预测，如何管理变化和流动并持续创新？传立在这背后运用游戏化思维，重新定义代理公司的商业维度：行业角色，服务方式和方法论，人才观念。

本次传立也特别邀请到泛游戏领域内重要玩家，正好代表了这个产业链中的重要几环，共同探讨游戏如何改变世界，包括：前瞻耕耘游戏领域品牌主、全球玩家最多游戏公司高层、ESPN 中国排名最高电竞战队创始人、奇葩名嘴跨界游戏主播等。

游戏改变世界！玩家改变世界！

视觉中国 Visual China Group：视觉赋能营销

王喜东　视觉中国华东区总经理

随着社会化媒体蓬勃发展，图片在传播中已经成为必不可缺的元素。一个好创意可以大大提高品牌的影响力和美誉度。视觉中国通过运用优质图片资源，打造出了以视觉＋汽车、手机、旅游等内容的手机锁屏、超级 App、城市视觉整合营销系列经典案例。

视觉中国自身具备 16 年客户服务与项目合作经验，拥有 16 000＋的签约摄影师资源，4 500 家国内媒体发布渠道、18 家国际知名通讯社，图片库资源等多重优势，为客户提供权利清除服务、整合营销传播、商业委托拍摄、创意征集、数字资产管理系统 DAM 等多项增值服务，充分满足用户的各类需求。

扫码观看 2017 金投赏创意峰会视频实录

阳狮媒体 Publicis Media（星传媒体）：电竞热土，谁为王者？

李哲林　百威英博亚太北区主流品牌群资深市场总监
黄卿燕　星传媒体 CEO
顾如怡　阳狮媒体内容总经理
裴　乐　香蕉游戏传媒 CEO，ACE 联盟创始人，电子竞技 we 战队主席，俱乐部创始人
高　翔　香蕉娱乐 CEO，2015 年和王思聪筹划创办了香蕉计划
周二珂　Er Ke - 最受粉丝欢迎的游戏女主播之一，熊猫 TV 签约主播，香蕉娱乐旗下艺人

差不多两年前，“电竞”还是一个让广告主、媒体主相当陌生的概念，而现在，电竞市场的火爆令人瞩目。从赛事开始，战队、粉丝、主播、赞助商、嘉年华……“电竞”的版图已经扩大到了体育、音乐乃至泛娱乐领域，越来越多的品牌想方设法参与进来，想要抓住年轻人的注意力，品牌与电竞的合作应该从哪里开始？星传媒体与哈啤的强强联手，为双方带来了怎样的影响和思考？像香蕉计划这样得益于中国电竞市场高速成长的娱乐机构，对于当前年轻人的群体文化有怎样的感受和洞察？

扫码观看 2017 金投赏创意峰会视频实录

第一财经 Yicai Media Group：回归媒体未来

周健工　上海第一财经传媒有限公司 CEO
张志清　第一财经副总编辑兼新媒体首席运营官
赵　嘉　《第一财经周刊》执行总编辑
沈从乐　《第一财经周刊》编委、新一线主编
吴品慧　优衣库大中华区首席市场官
王　静　汇丰中国市场总监

我们已经学会从未来看现在，也习惯于从未来看现在的媒体。对于媒体来说，未来有什么样的技术、什么样的载体、什么样的平台，有很大的不确定性，但唯一可以确定的，是好的媒体一定有好的内容。

我们相信，优秀的媒体，能提供从端到端的内容和体验。如果是新闻媒体，它能从源头开始，经过专业负责的内容创造，推送给用户，不管他们处于什么场合。优秀的媒体，一定是用好的内容吸引用户。那些把内容当成流量工具的所谓媒体，不管是平台也好，自媒体也好，终将被内容抛弃，也将被用户抛弃。那些把内容当成流量工具的媒体，不管拿出多么漂亮的数据，都将在用户与客户那里最终失去信任。

未来的媒体，一定是高度智能化地把文字、视频以及可视化的数据生成产品，场景化地推送给用户。

回到内容，连接用户。单纯的流量，距离用户越来越远：高成本，低价值。

媒体的未来，一定是内容 + 场景 + 体验。

让我们回到内容，回归媒体的未来。

扫码观看 2017 金投赏
创意峰会视频实录

暴风集团 Baofeng：享受创造乐趣

肖明超　知名趋势营销专家，知萌咨询机构创办人兼 CEO
蒋青云　复旦大学管理学院教授、博士生导师，市场营销系主任
肖中云　蓝色光标数字营销机构首席运营官（COO）
杨建强　暴风集团营销中心全国体育营销总经理
熊晓杰　长隆集团市场总经理

扫码观看 2017 金投赏
创意峰会视频实录

随着互联网的飞速发展，品牌与消费者的沟通方式越来越多样，因此这就为品牌营销创新提出了新的挑战；暴风秉承持续发展的创造精神，在多屏互联网娱乐平台上，从不同业务、不同场景，创造更多新颖的娱乐营销体验。本次暴风专场论坛以“享受创造乐趣”作为主题，旨在探索 VR/AR 场景营销新玩法以及未来数字营销发展趋势与变革。

今日头条 Bytedance：新营销　新“视”界

刘思齐　今日头条商业产品副总裁
张　楠　今日头条西瓜视频总经理
陈都烨　今日头条营销中心总经理
吴佳煜　抖音达人
Boogie93　抖音达人
刘　飞　何仙姑夫 & 贝壳视频创始人兼 CEO
李哲林　百威英博主流品牌资深市场总监

经历了信息等人、人找信息和信息找人的时代，人与信息的关系正迎来历史性的第四次变革。伴随着流量中心化趋势越发明显、数据智能化的广泛应用、用户精细化的深度运营以及内容情景化催生的多元营销模式，一个人与信息智能连接的时代正式到来。短短一年的时间，今日头条延展出资讯、音娱、社交、图文四大移动板块，纵深布局在人与信息连接的各个细分场景中，成为中文领域一流的信息平台——字节跳动。

今日头条以大数据和智能推荐算法为起点，建立了全链路用户经营与品牌管理相辅相成的营销体系，完成了流量经营 + 内容经营的协同。同时，作为拥有最完善短视频产品矩阵的音娱平台，字节跳动通过多样化的营销手段，从覆盖、内容、互动、效果等多重维度开启短视频营销新元年。

2017 年 10 月 17 日金投赏专场，今日头条邀你一起探寻智变移动营销新视代。

扫码观看 2017 金投赏
创意峰会视频实录

comScore：搞懂你的跨平台多数派

蔡　芳　comScore 中国区副总裁

中国移动端用户数量和使用时长均已超越 PC。然而移动端用户的增长并不意味着 PC 用户消减。事实上，超过六成的用户同时使用移动端和 PC 上网，特别是 35 岁以下群体中，绝大部分都是跨平台用户。对于广告公司、广告主和媒体而言，如何搞懂这些跨平台多数派已变得至关重要。

扫码观看 2017 金投赏创意峰会视频实录

蓝色光标 BlueFocus：你好，智能营销！

金昱冬　VISA 大中华区副总经理，市场部总经理
张　鹏　极客公园创始人及总裁
曾　巧　Morketing 创始人和 CEO
潘　飞　蓝色光标移动广告集团 CEO

我们身处营销大变革的时代，技术与创意将会真正融合，全面提升营销的效率。这也是蓝色光标正在探索与实践的道路。我们会以智能营销为引擎，用“技术＋数据＋服务＋资源”的全新商业模式，带动整个行业提升面向广告主的移动营销价值。金投赏已经伴随中国创意人一同走过了十年，今年我们将用“你好，智能营销”的全新视角，为行业带来不一样的营销思考，期待与大家碰撞出新的火花！

扫码观看 2017 金投赏
创意峰会视频实录

电通数码@一点资讯：

场景营销赋能数字营销新趋势

李丹枫　【友盟+】CDO

查　明　电通数码上海分公司总经理

李　亚　一点资讯 CEO

付继仁　一点资讯副总裁

吴　声　场景实验室创始人、造物学出品人、中国电子商务委员会执行秘书长

许戈辉　凤凰卫视节目主持人

扫码观看 2017 金投赏创意峰会视频实录

场景营销时代的到来，代表着消费模式的升级，消费者可以更顺畅地在线上线下全渠道的模式下进行消费，但同时消费者购买决策也变得更加多元化及难以掌握。线下场景的数据采集及全场景中的高效沟通，是每一个品牌主面临的主要挑战。电通数码运用自主研发的 iPlus 全渠道大数据营销解决方案，将割裂的全场景数据打通，通过采集线下数据，并与线上数据深度结合，助力品牌主实现向新数字营销的“轻转型”。让品牌在对的时间，对的场景与消费者相遇。

分众传媒 Focus Media：场景　媒体　营销

陈　鹏　分众传媒集团副总裁
周晓农　益普索中国区总裁
申　波　咕咚创始人
游　央　VSPN 商业化负责人
GINI　KPL 官方解说

扫码观看 2017 金投赏
创意峰会视频实录

围绕消费者的媒体形式、场景范围、营销手法，年年翻新，你怎么才能找到你的消费者？你怎么才能打动你的消费者？你怎么才能让你的消费者为你买单？

移动互联时代下的两个营销趋势：内容、场景！

好的营销渠道＝准确的媒体＋正确的场景＋正确的内容！

陌陌 MoMo：视频社交这件“小”事

王太中　陌陌商业产品副总裁
贾　维　陌陌视频部副总裁
赖永锋　SocialBeta 合伙人、DMA 多马创始人
潘　飞　蓝色光标移动广告集团 CEO
宋显赫　TalkingData 数字营销总经理
许正林博士　上海大学教授，博士生导师。上海国际广告节执委会秘书长

扫码观看 2017 金投赏创意峰会视频实录

伴随传播介质的升级，视频已经成为年轻一代用户分享和互动的主要介质，线下娱乐消费活动也逐步向线上迁移。陌陌公司基于年轻人社交的大基因下，展开全面视频化战略，打造了直播、短视频、点点、快聊、派对、狼人杀这些基于视频元素的多场景娱乐化社交功能，致力为年轻用户带去更酷更高效的社交和娱乐体验。营销领域，年轻化一直作为各品牌的诉求热点，究竟如何在陌陌上搞定年轻人？第十届金投赏创意节陌陌专场，将携手行业大咖一起与你分享《视频社交这件“小”事》，一起来用视频，认识我，敬请期待……

爱奇艺 iQIYI：超级娱乐　品牌冲级

王湘君　爱奇艺首席营销官
吴　刚　爱奇艺销售副总裁
任　涛　爱奇艺 IP 增值业务事业部副总裁
陈　伟　爱奇艺高级副总裁
须　聪　麦当劳（中国）有限公司首席市场官，副总裁
VAVA　《中国有嘻哈》4 强选手
小　鬼　《中国有嘻哈》人气选手
钱　峻　媒介 360 创始人 &CEO

扫码观看 2017 金投赏
创意峰会视频实录

你可能非常熟悉被刷屏的《中国有嘻哈》，但你可能不知道爱奇艺超级娱乐战略背后的商业密码，以及他们对品牌营销深度和广度的空前拓展。

华扬联众 Hylink：数字洞见时尚新趋势

扫码观看 2017 金投赏
创意峰会视频实录

苏　同　华扬联众创始人 & 董事长
侯丽斌　百度营销研究院常务副院长
张　驰　著名设计师

虽然世事变迁，但人对美与时尚的追求从未停歇。当下时代互联网飞速发展、信息量爆炸，兴趣导向使受众心态更加难以捉摸，另一方面，人们获取信息的方式也发生了极大变化，这些都让数字媒体对时尚行业的影响逐步扩大。

为此，华扬联众携手百度营销研究院，连续三年权威发布年度“时尚数字大奖”，从连接活跃度、信息库存量和口碑推荐量三个指标聚焦时尚品牌及人物在数字媒体上的精彩表现，希望借数字之力把脉时尚行业潮流、趋势。

此外，百度营销研究院常务副院长侯丽斌女士也将到场，与苏同先生及我们的重量级神秘嘉宾共同就此话题展开讨论，敬请期待。

品众互动 Pzoom Interactive：创意还是创伤，信息流广告内生探原

王　娜　品众互动 CEO
谢　飞　你我贷副总裁
吴晓燕　百合网副总裁
李　博　游族网络副总裁

扫码观看 2017 金投赏
创意峰会视频实录

0 点击，消耗十万 0 转化。在手速与眼速较量的环境，信息也失去了真正的价值性。

大多数媒介沦为广告主与用户之间的“二”传手，真假难辨的时代，是创意还是创伤？

想要让信息更有价值，跟上品众的节奏，携手互联网业界重磅人物，共同对话用户。

全面探讨不同行业信息流广告的痛点，深度解析创意方案的多样性，通过兴趣共鸣，激发需求，将有价值的信息传递与用户。

尼尔森 Nielsen：新电商时代，制胜数字广告营销

黄英俊　尼尔森中国区营销优化副总裁

电商媒体化？媒体电商化？数字媒体营销进入了“品效合一”的新时代。

然而，在衡量 ROI 的道路上挑战重重。数据开放性，回报率多样化，评估标准性，这些都是广告主和代理公司需要考虑的问题。尼尔森携手京东，在其 2.365 亿活跃用户的基础上，利用真正基于消费者级别，精确到秒的线上行为大数据，还原消费者全体验链，用真实有效的洞察，助力品牌主实现从“碎片”到“链接”，从“模糊”到“清晰”，从“监测”到“行动”，制胜新电商时代的数字广告营销。

扫码观看 2017 金投赏创意峰会视频实录

阳狮媒体 Publicis Media（实力媒体）：
中国的第一只“数智相融”戛纳狮

吴婉玲　实力媒体上汽通用汽车团队负责人， 副董事总经理
刘　立　实力媒体通用汽车团队 CRM 组负责人
马百良　阳狮媒体董事总经理，分析、调研和洞察
蒋同庆　腾讯社交与效果广告部营销解决方案专家

扫码观看 2017 金投赏
创意峰会视频实录

随着智能化时代的到来，我们都沉浸在将数据作为基础服务并转化为生产力的模式中不断探索，在戛纳银狮案例背后，融合的是品牌、平台方对于数据应用的全面布局及扩展，是 agency 对于数据研究的融会贯通，我们携手迈出了夯实的第一步。在金投赏创意节与你分享《中国的第一只“数智相融”戛纳狮》。

汽车之家 Autohome：开启汽车智能营销新时代

张京宇　汽车之家商业产品副总裁
孙　学　华扬联众首席运营官
赖俊竹　Kantar Vermeer 大中华区管理合伙人，品牌与市场战略咨询
陈泽奇　埃森哲董事总经理，数据分析服务

扫码观看 2017 金投赏创意峰会视频实录

随着用户的变化，我们的传播环境也经历了很多变革，从精准营销强调要找到对的人，过渡到现在针对人提供对应内容的阶段，营销也正在朝着更加智能的方向发展。而这背后，有一个核心，就是大数据技术。

汽车之家在大数据领域也一直在探索着更多的可能性。在未来，基于大数据的算法和机器学习，能够更好地帮我们了解用户、锁定用户，并渗透到结合用户需求的产品研发、市场营销等各个领域。智能化已经影响甚至主导了数字营销每一次重大突破，我们越来越清晰地看到未来营销的模样：品牌和消费者之间的媒介不再只是媒体和社交网络，而是智能化平台，品牌与消费者的互动将真正实现一对一的沟通和个性化的设计和服务。

芒果 TV Hunantv. com：娱乐不止，不止娱乐

方　菲　芒果 TV 广告营销中心总经理
万　琳　芒果 TV 广告营销中心副总经理
史若星　宝洁内容营销及创新总监
陈　慧　达能纽迪希亚资深市场经理
周艳玮　亿滋中国资深媒体经理 -（巧克力 & 饼干品类）

扫码观看 2017 金投赏
创意峰会视频实录

2017 年，芒果 TV 精耕行业“亲子类”垂直领域，力争打造行业 NO. 1，不仅满足了亲子垂直用户的需求，也在内容消费升级的趋势中引领行业内容精细化发展，为品牌广告主提供了更为丰富的营销场景。2018 年，芒果 TV 将继续以“年轻，随我来”为核心宗旨在视频领域刮起新一轮的青春风暴。

优酷 Youku：阿里生态　开启 IP 营销新时代

沈　威　阿里文娱大优酷首席运营官

徐惟坚　好耶集团华东区总经理

曹　磊　实力派演员，《大军师司马懿之军师联盟》郭嘉扮演者

费溢群　阿里文娱大优酷行业市场总经理

张　璿　阿里文娱大优酷影剧营销中心高级总监

汪　聪　主持人

扫码观看 2017 金投赏
创意峰会视频实录

IP 可能是这两年热度最高的一个词。这一年，《三生三世十里桃花》、《军师联盟》、《春风十里，不如你》……一个个超级 IP 不断涌现；也是这一年，中国文娱产业进入 IP 全链路运营的时代，品牌捆绑超级 IP 已成营销必选项。对广告主而言，该如何将 IP 价值转化为品牌营销新能源？金投赏优酷专场将组局一场营销圈别开生面的“军师联盟 o 圆桌派”，全面解读优酷内容营销的最新玩法和阿里大文娱生态的全新版图，与广告主共启超级 IP 的新时代。

西窗科技 Westwin：营销有方，广告无界

刘振宇　西窗科技创始人兼 CEO

扫码观看 2017 金投赏创意峰会视频实录

瞬息万变的互联网世界，巨星陨落和草根登台交替上演。从 MSN China 到微软在线再到西窗科技，我们攫住大势，完成了从外资公司到本土公司的蜕变，专注跨境营销的使命也愈加清晰。这是一盘有方向的生意——中与西，进或出——西窗却能提供无界限的营销思维，贯通东西，让资本、技术与思想传递无阻。完成这一使命的过程，也正是西窗以中国公司身份重返硅谷之路。

大众汽车集团 Volkswagen Group China：人工智能和你我出行

Roland Schaaf　大众汽车集团（中国）集团市场营销负责人
李志飞　出门问问 CEO
Mark Bowling　PHD 中国战略分析总经理
Moritz Sanner　PHD 中国策略总监
周　健　微软创投加速器－上海 董事总经理兼 CEO

扫码观看 2017 金投赏
创意峰会视频实录

数码科技、智能技术正在实质性地改变着我们的生活。

走过百年发展历程的汽车，正驶向从“交通工具”到“出行服务平台”的十字路口。

人工智能的发展已经突破了科学研究和编辑的范畴，达到了能够主动理解人类思想感情的全新境界。它将成为继电脑、互联网之后，再次深刻改变人们日常生活和未来商业的十分强大的科技力量。

当人工智能与汽车相遇，当新概念出行与你我相遇，未来将完全超乎我们的想象。

艺高高 artgogo：用艺术营销激活品牌——四两拨千金

曹启泰　艺高高创始人兼首席艺术官 CAO
袁黎明　兄弟（中国）商业公司营业企划部副部长
张宇翔　车享公关总监
孔龙震　艺术家

在商业世界的高速公路上，所有品牌死命踩着油门向前，开荒过蓝海，厮杀入红海，一轮轮的角逐之后，转速过高、市场疲软、创意瓶颈、营销失效接踵而至。

谁能杀出重围，谁能让品牌涅槃？

别急着要答案，先问自己几个问题：

你够新吗？有没有新的模型、新的产品、新的潮流，有没有破旧局的胆子？

你够好玩吗？冰冻时代感，冲破次元壁，握得住 90 后的命脉。

有艺术就可以，它会是你最好的武器，原创保证了你的新，跨界使你更有趣。

“四两”艺术可拨动品牌“千金”！解放思想，让艺术上品牌的身，激活品牌的心。

扫码观看 2017 金投赏
创意峰会视频实录

阿里妈妈 Alimama：数智营销，致新致远

陆　弢　阿里巴巴集团全域策略中心总经理
齐　馨　《成功营销》执行出品人、主编，《哈佛商业评论》中文版副主编
孙岩岩　阿里妈妈全国策划总经理
张　益　喜力啤酒电商营销总监
谭　雅　卡夫亨氏 品牌负责人
张慧敏　群邑电商董事总经理
吴坤桂　阳狮集团数字媒介战略合作总经理

作为阿里巴巴集团的营销中台，阿里妈妈已从淘内的效果营销升级为覆盖淘内淘外的品牌营销。面对日益激烈的商业竞争，顺应新零售，消费升级的大趋势，伴随互联网环境的快速迭代，肩负时代使命的阿里妈妈品牌全新亮相，引领整个营销进入“数智营销”时代。依靠计算力和连接力，实现数据的全面打通并融合，智能的技术，智慧的营销方法，帮助企业为未来营销和品牌建设做更智慧的选择，并赋能整个营销生态。

“数智营销品效协同”将开启阿里妈妈的下一个十年，这也是营销创新升级，开拓市场新格局，驱动商业变革的下一个十年，通过对阿里生态的大数据的不断纵深挖掘，未来商业边界将被打破，商业和消费都将被重新定义。

心已致远，有梦必达。本届专场阿里妈妈将携手生态内外的伙伴共同探讨新营销的趋势与实践，为营销人带来一场思想盛宴。

扫码观看2017金投赏创意峰会视频实录

Facebook＋MeetSocial：速度与激情

Kitty Lun　Facebook 大中华区 Head of Creative Shop
朱　鑫　飞书互动创意副总裁
Andrew Wong　Facebook 大中华区渠道业务总经理
沈晨岗　飞书互动 CEO
徐晓菲　VIPKID 市场副总裁
郭瑞雪　ofo 海外商务总监

扫码观看 2017 金投赏创意峰会视频实录

全球跨境市场，移动终端用户已经超过 36 亿人次，智能手机用户也超过了 26 亿人次，触及并连接人与商业的能力远远不止于“移动营销策略”。要想与消费者取得联系，360 度全方位、全天候、跨屏的连接必不可少。在这个“移动为先”的时代，消费者被赋予更大的自主权去选择接受到的信息，如何更精准有效地与消费者沟通，变得更加关键。

来自 Facebook 的 Kitty Lun 女士将为您揭晓如何利用以人为本的沟通和创意，赢得移动时代的先机。Facebook 中国区顶级代理商飞书互动(MeetSocial)也会为大家带来更多营销实例，分享在移动营销、视频制胜的背景下，飞书互动如何帮助中国企业通过广告创意、借势视频营销走向海外，抢占市场先机。与此同时，飞书互动与 Facebook 大中华区渠道业务总经理 Andrew Wong 共同主持的专题讨论环节，更有两位知名中国出海企业先锋现场自爆成功秘诀。

搜狐视频 tv. sohu. com：搜狐 ONE 整合智胜

崔莉莉　搜狐公司销售副总裁

伍雪峰　东风柳州汽车有限公司乘用车销售公司副总经理

秦梓桐　《搭车卡拉 SHOW》总导演

邢昭林　青年演员

赵淑瑾　搜狐视频华南销售总经理

扫码观看 2017 金投赏创意峰会视频实录

秉持“搜狐 ONE 整合智胜”之道，搜狐视频多年来注重精品 IP 的养成，已沉淀出“网剧口碑＋造星实力＋品牌双赢”的精品自制厂牌，究其根本，是搜狐视频以人为本思维为先，大数据精准洞悉用户需求和内容偏好，百分百“智”造爆款。在此基础上，搜狐视频更是携手品牌广告主，不断探索和优化大数据产品技术，创新营销模式，最大化释放 IP 的商业价值。2017 金投赏国际创意节，搜狐视频将全方位带您开启“整合智胜”之道。

宏盟媒体集团 OMG：融合，人类与科技日益贴近

扫码观看 2017 金投赏创意峰会视频实录

Anna Chitty　PHD 中国 CEO
Mark Bowling　PHD 中国策略部主管
李大维　创客大爆炸，联合创始人；深圳开放创新实验室，主任；Hacked Matter 智库，联合创始人

随着我们在虚拟世界花费的时间越来越多，机器将愈发融入到我们的生活之中。有时，我们会觉得科技已经拥有自主思想与自主意识。在未来 20 年内，机器将变得同人类一样智能。未来日益临近，我们终将到达这一时刻，届时机器与人类将难以区分。

《融合》强调了科技进步可能会对品牌与消费者沟通所产生的影响，启示营销人可以通过利用这个时代不断演变的科技来施展自身影响力，为明天做好准备。

PHD 邀你一起探索未来，一个人类与科技融为一体的未来。让《融合》就此发生。

宝洁 P&G：品牌建设的新生路标

Marc Pritchard　宝洁全球 CBO

现在，我们正处于全球计算化运作与变革的时代，经历着变化。发展正在继续，破坏也在加速。在充满合作共赢和最有效生产力来发展我们的业务的现在，创意与创新的标准，从来没有被提到如此之高。这让我们的工作更加有趣、兴奋、值得骄傲。期待在金投赏创意节上与你相遇，并分享如何用数字化技术实现《品牌建设的新生路标》。

扫码观看 2017 金投赏
创意峰会视频实录

FT 中文网 FT Chinese：内容 · 边界与未来

杨蕾　英国《金融时报》中文网副总裁

扫码观看2017金投赏创意峰会视频实录

过去十几年，从渠道、形式到内容本身，不论是主动还是被动，科技发展在冲击传媒原有业态的同时，亦使得其有机会不断突破沟通的边界与原有局限。科技改变行业的同时，更核心的是，科技在改变信息交互中的人。内容生产的未来，是要继续突破，还是要回归初心？

好耶集团 Allyes：数字营销“玩与悟”

陈　汶　好耶集团高级副总裁
王小塞　有门互动首席创意官兼董事长
栗浩洋　朋友印象联合创始人

在数字化泛娱乐大潮袭来之际，继上届金投赏推出“数字营销三部曲”第一季“数字营销‘红与黑’”大获好评之后。2017 年，好耶为大家带来更具冲击力的第二季——“数字营销‘玩与悟’”，谁说品牌营销“玩 Wu 丧智”？好耶携业内“玩”“智”两界大咖与神秘嘉宾共话数字营销大变革。

扫码观看 2017 金投赏
创意峰会视频实录

微博 Weibo：移动营销 Social 突围

王雅娟　微博副总裁

叶红霞　纳爱斯集团品牌总监

沈义人　OPPO 营销项目策划与管理部部长

陈　晓　著名演员，微博 NBA 篮球大使，《那年花开月正圆》饰沈星移

移动互联网时代，用户获取信息的渠道呈现碎片化，企业营销如何突出重围？营销创新，成为媒体和广告主共同关注的焦点。

微博正不断优化用户体验，并升级商业化产品与服务能力，诸多新颖的品牌合作模式和营销解决方案不断推动营销创新。而品牌们同样在微博上呈现令人惊喜的创新力，无论是年轻化的品牌打造，还是借力明星掀起娱乐化影响力，优质的创意真正实践了“广告即内容”。

8 年时间，微博已不仅仅是一款移动应用，更渗透于品牌营销全价值链的每一个环节，成为企业连接数以亿计消费者的桥梁和移动互联网时代企业发展的重要组成部分。微博正以其独特的围绕热点的传播方式和基于兴趣的用户聚合，为企业和品牌的营销创新、战略升级创造无限的可能。

扫码观看 2017 金投赏创意峰会视频实录

东方娱乐 East Entertainment：从大势看文化娱乐产业趋势

袁晓民　东方娱乐副总经理兼东方卫视广告营销中心总经理

中华复兴，创意先行。厘清趋势，路径创新！

扫码观看 2017 金投赏
创意峰会视频实录

小米 Xiaomi：聚智能，聚有趣

扫码观看 2017 金投赏
创意峰会视频实录

郑子拓　小米公司 MIUI 广告销售部营销中心总经理

李　琦　小米探索实验室 高级品牌总监 / 小米智能产品部 高级市场总监

尚尔嵬　资深米粉 / 在亚马逊吃虫子的旅行探索家

小米是一家硬件公司，也是一家互联网公司，更是一家新零售公司——“硬件 + 互联网 + 新零售”的铁人三项商业模式，成就了小米七年来的飞速发展。

基于小米模式，小米构建了由软件、硬件、电商数据组成的全维度大数据库；同时，手机内 21 个日活过千万的小米应用，覆盖家庭客厅场景的小米 OTT，以及小米手环、VR 等布局未来的智能硬件，全场景融入用户一天生活；与用户做朋友的心态与极致的用户体验，为小米赢得了极具参与感的米粉社群。小米智能生态营销模式即通过大数据、全场景和参与感，为广告主构建精准锁客，高效触达，深入沟通并持续追踪的营销闭环，以更高效、更场景化的形式达成品效共振的营销诉求。

NBA：NBA 如何玩转粉丝经济

王大为　NBA 中国高级副总裁

中国拥有超过 3 亿的篮球用户。作为海外的体育 IP，NBA 如何在中国发展篮球运动，继续增加粉丝数量和黏性；如何结合全球合作伙伴的本土化和泛娱乐营销，触发中国粉丝的情感互动，制造社交媒体热点并产生冲动型消费，从而构建可持续发展的粉丝经济生态体系——10 月 19 日，在 2017 年金投赏创意节上，NBA 中国高级副总裁王大为先生将为您揭示 NBA 粉丝经济的秘密。

扫码观看 2017 金投赏创意峰会视频实录

奥美 Ogilvy：中国国际化品牌的黄金时代

扫码观看 2017 金投赏创意峰会视频实录

翟永康　奥美大中华区首席策略官
Joseph Fan　奥美中国咨询业务负责人
Eric Ta　凯度华通明略集团群客户总监

在这场堪比 20 世纪 80 年代西方品牌全球拓展的巨变中，不乏已有赢家蜚声国际；但面对变化莫测的国际市场，也给营销人带来了极大挑战。

在商业与文化挑战的双重夹击中，我们应该怎样抓住机遇，帮助雄心勃勃的中国企业实现“出海”之路？应该如何运用品牌的独特故事，打动全球消费者，从而探索出适合中国品牌发展的全球化战略？黄金时代下，一切即将揭晓。

优盟 UM：新零售触发下的媒体新格局

戴静威　UM 优盟中国管理合伙人
王许斌　UM 优盟中国消费者洞察及媒体研究负责人
邱心怡　乐高中国战略合作与业务拓展总监
林妤真　Google 中国销售副总裁
洪　锴　尼尔森中国区电子商务研究副总裁
田　岩　新零售观察员

扫码观看 2017 金投赏创意峰会视频实录

互联网新技术引爆的新零售在全球范围成为热点话题。融合线上线下的全渠道分销模式在创造全新消费体验的同时，也给媒体营销列出了新课题。如何解析新零售对消费者购买决策流程的影响；如何识别和利用新生媒体接触点；如何看待社交媒体在新零售下的角色转换等等，都是品牌和代理将面临的挑战与机遇。UM 优盟携神秘嘉宾诚邀各位加入我们的金投赏专场，共同探讨相关话题。

百度 Baidu：从连接信息到唤醒万物

顾国栋　百度搜索公司销售体系总经理
林　红　百度搜索公司销售体系大客户部总经理
徐　俊　群邑中国 CEO，WPP 中国 CEO
王　蔺　洲际酒店集团大中华区品牌和市场营销副总裁
李叫兽（李靖）　百度副总裁
宋　琦　链家网 CMO

扫码观看 2017 金投赏创意峰会视频实录

自互联网诞生至今，人们获取信息的方式历经了翻天覆地的变化。作为一家技术公司，百度的使命不止于“连接信息”，更是致力于用领先的人工智能技术来“唤醒万物”。2017 年的金投赏上，百度将携领品牌主、全球知名代理商共同探讨如何夯实移动基础，全面升级营销策略。同时百度还将引领客户决胜 AI 时代，通过全新智能解决方案，让万物皆为媒体，预见未来营销。世界很复杂，百度更懂你。

深圳卫视 SZMG：深圳卫视 & 罗辑思维“时间的朋友”跨年演讲内容跨界和营销创新

梁有为　深圳卫视广告部主任
罗振宇　得到 App、罗辑思维创始人
黄　鹤　深圳卫视《时间的朋友》跨年直播制片人
甘　聪　阿里钉钉副总裁
钱　峻　媒介 360、中国媒介智库创始人 &CEO

作为中国成长最快、最具突破创新和跨界整合思维的深圳卫视，在 2016 年 12 月 31 日跨年夜，突破性地携手罗辑思维合作，打造了全新的“知识跨年”，开创了全新的电视跨年节目品类。这场跨年演讲不仅重新定义了跨年，也让跨年找到了一种消失已久的仪式感。有观众开玩笑说，深圳卫视用一个胖子干掉了其他所有卫视的上百位娱乐明星。在跨年夜，全国卫视分两种，一种叫深圳卫视，一种叫其他卫视。

深圳卫视和罗辑思维双方是怎样促成合作？2017 年知识跨年将有怎样的升级和创新？知识跨年能给广告商和用户带来怎样的全新商业价值？深圳卫视、罗辑思维携手 2017 知识跨年合作伙伴阿里巴巴集团为大家解读用户思维、内容跨界和营销创新。

扫码观看 2017 金投赏创意峰会视频实录

华谊兄弟 H. BROTHERS：时尚不“装”

扫码观看 2017 金投赏
创意峰会视频实录

赵　磊　华谊兄弟时尚执行董事
张栢淞　华谊兄弟时尚执行总经理
俞伊文　华谊兄弟时尚市场分析师

时尚是什么？你是怎么理解的？高级？标新立异？

作为华谊兄弟传媒集团旗下的子公司，华谊兄弟时尚是一个具有时尚属性的泛娱乐公司，成立数年来已成为国内一流的时尚文化公司，为各大公司提供时尚咨询服务及时尚内容的产出。华谊兄弟时尚给人现代、时尚、健康的印象，如何能在风云变幻的娱乐圈立足？我们经历了什么？我们如何应对？

我们发挥自身的时尚优势，开拓多方资源，分析时尚环境，整合业态资源，多方发展，华谊兄弟时尚致力于带动国内娱乐时尚融合新风潮！

群邑 GroupM：品牌安全，通往数字营销的自由之路

徐　俊　群邑中国 CEO、WPP 中国 CEO
底　飞　群邑中国首席媒介投资官
Brian Gleason　群邑 [m]PLATFORM 全球 CEO
John Montgomery　群邑全球品牌安全执行副总裁
Mickey Zhang　群邑中国程序化业务 CEO
赖永锋　SocialBeta 合伙人、DMA 多马创始人
Ann Lim　WAVEMAKER 中国首席客户官

扫码观看 2017 金投赏
创意峰会视频实录

软件和硬件底层技术的变革，正在把我们从信息时代推进到智能时代。到 2020 年，全球人均将拥有 7 个互联设备。在算法主导的世界，每个品牌都要拥有自己的数据故事，重新发现 ID 背后的那个 TA，实现无界限沟通。然而，在通往数字营销自由之路上，行业中还存在不容忽视的如无效流量、广告可见度低等严峻问题。金投赏群邑专场将和您分享最前沿的数据技术平台，及其在互联网时代下如何为品牌安全保驾护航，并重磅发布《无效流量方法论及战术建议白皮书》。

Live Nation：Music for Live 打造现象级音乐体验

Alan Ridgeway　LIVE NATION 国际和新兴市场总裁
李自强　LIVE NATION 中国区主席
车　祁　百威品牌亚太北区市场副总裁
叶　莉　百事大中华区饮料品类高级总监

音乐，不止聆听，更是体验。

我们是 Live Nation——全球最大的现场音乐娱乐企业。每 20 分钟，就有一场 Live Nation 的演唱会上演。我们的业务涵盖四大块：Live Nation 演唱会 & 音乐节；Artist Nation 汇聚了全球最顶尖的艺人，如 Madonna、Beyoncé、U2 等；Ticketmaster，全球最大的票务平台以及 Live Nation 品牌内容营销。

“Live”始终存在，从现场演唱会制作到顶尖艺人的管理，我们向各位诉说最精彩的“现场”故事。

我们将携手百事共同探讨音乐营销的案例，并邀请业界专家分享娱乐营销新趋势、发表独到的见解。

扫码观看 2017 金投赏创意峰会视频实录

·第三篇·

行业推动篇

在“比稿”中发现信任痛点

早在2000年，我就开始研究广告主和代理公司之间的合作关系。冲刺理论是我近年来比较满意的研究成果之一，同时我自己也在实践中证明，冲刺理论非常有效地激励了广告代理公司，促使其改进最终的创意作品，进而帮助客户的绩效得到提升。

引发我对此展开研究的兴趣，主要是来自我对业界的观察。很多广告主和代理公司之间的沟通效率非常低下，大量时间损耗在来来回回对需求的不断修改，最终作品又不尽如人意，而导致这种结果的原因却从没有人系统地研究过。我在2017年初做了一项统计，将2010年开始至2017年之间，每一届赢得金投赏全场大奖的最佳创意作品放在一起来寻找一些规律。我们发现每一个获奖作品背后的广告主及其所服务的广告创意公司或媒体伙伴，其平均合作时间为8.3年，这个发现说明了目前市场上很多广告主和广告公司的长期合作就有可能做出好的创意，伟大的创意是矛盾的。好创意一定需要双方互相建立信任，而信任是需要时间去培养的。

此外我还发现，从2015年开始，每年金投赏国际创意节会有很多来自企业负责广告以及媒体采购的人员来参加，而且这个人群的比例每年都在增长。这让我开始有机会结识这些负责采购的专家并与他们保持沟通。在媒体采购方面，如何采购服务公司尤其是创意公司的服务，进而驱动和支持本企业的业务增长是一个痛点。一方面，他们需要尽到采购的职责，为本企业选择最合适的供应商，帮助实现本企业的业务增长；另一方面，他们也需要最大限度地激励这些供应商，要求他们为本企业的品牌做出好创意。但硬币总是有两面的。广告公司的高管对企业中负责采购谈判的决策者的态度不太积极，因为他们认为和采购沟通不会受重视，认为他们所提供的创意的服务费只占对方整体采购预算中非常小的部分，而企业采购负责人的职责就是砍价和拖延账期，但这些创意公司相对比较弱势，所以常常是以创意公司被动接受采购的出价为终结。

我遇到过很多案例，当一些创意公司结束与前一个广告主合作的时候，我问及其原因，发现排名前三的当中必有一个和采购相关，如对方压价让他们没有利润，乃至在限定的价格水平下无法找到最好的团队来服务客户。找不到合适的服务团队，客户的期望又很高，于是双方便开始产生摩擦进而慢慢失去信任，最终的结果就是分手。而广告主又需要重新进行一次费时费力的招标和比稿，创意代理公司又需要去寻找其他客户，不断进行新的比稿和业务开发。整个过程下来，双方都浪费了大量的时间和金钱，但就是没有很好的解决办法。

很多时候我会站在双方不同的立场上来换位思考。我在想，如果媒体采购削减了提供给创意公司的费用，会不会降低他们的积极性从而做不出好的创意。这个逻辑是说得通的。比如，我一直找同一个发型师，他一直知道我喜欢的发型是什么样子，每次去剪发，我们只要几句简短的沟通，他就知道我要什么，然后就会在接下来的一个小时里有说有笑地完成工作。但如果从今天开始我剪发不再付他300元钱，只愿意出200元甚至150元，就算他不把我赶出店门，勉强答应为我剪发，你觉得他最终完成的工作和以前相比会不会有差异？虽然还是同样一个发型师，但我非常确定结果是不一样的。我也会站在媒体采购的角度去考虑问题。还是举这个剪发的例子。我同意如果剪发的费用一直是支付300元，一旦变成了200元甚至150元，服务者会因为这个价格落差，最终使得其服务和品质受到影响。但我会不会从一开始就认为发型师给我的报价300元就是一个合理的价格？他有没有在漫天要价？这是不是市场上合理且有竞争力的价格？如果市场上差不多就是200元的水平，那我为什么要支付300元？对原有问题的解决也许会引发一个新的问题。

于是，我就开始做这个领域的研究。我把比稿的研究作为切入点，试图探索一种有效、全新的激励创意的机制。我改变了比稿的原有模式，先整合广告主内部，先行推进采购和法务，再让其透明预算，限定决策时间，增加创意奖金，以及最后在微博上让网民来评判最终作品。我们找到了麦当劳和京东作为我们的合作伙伴。同时，我们也整合代理公司，邀请业界最享有盛誉的创意人来参与，并给予其尊重和荣誉以及业界的关注，近两年我们共邀请了 14 家最顶尖的创意公司来参与。我把这个项目的名称命名为“信任是金”。在两年多的时间里，我有了非常有价值的发现和收获，全部过程还被拍成了纪录片——《信任是金Ⅰ》和《信任是金Ⅱ》，在腾讯视频上所有人都能免费看到。其中《信任是金Ⅱ》还列入了 2018 年 6 月上海国际电影节官方日程，举行了首映，并且大获成功。

在这里，我先把纪录片中的截图和文字介绍给大家，方便没有看过影片的读者来了解背景，然后我会讲述对这两个实验的分析与发现，希望对读者有所启发。

一场关于“信任是金”的实验

扫码观看金投赏
“信任是金Ⅰ”纪录片

《信任是金Ⅰ》——麦当劳自主点餐机

旁白：这是中国广告史上第一次顶级创意公司创意的正面PK，这也是中国影视圈广告公司和纪录片公司的首次交锋。这是个“信任是金”的故事。5月27日，金投赏发出了20封竞赛邀请函，对象是金投赏历届获奖成绩最优秀的20家公司。所有参赛公司都必须回答由来自麦当劳中国CMO列出的四个问题。6月7日从20封回函中选出了最终7家最适合的创意公司参赛，这是一种完全创新的比稿竞赛模式，在6月13日这个“信任是金”的故事，就这样开始了。

麦当劳中国市场部副总裁暨首席市场官须聪：首先，非常感谢各位行业内的大咖参加这次活动，我们品牌组通常一些传统的操作方法有一些局限，所以我们希望邀请更广泛的人群来参与其品牌的建设。

金投赏创始人贺欣浩：金投赏的理念也是要鼓励中国有好的创意。大家聊了一下，就一拍即合，有这样的好客户能够一次比稿，预算明确，不会有这种偏题策略，再提创意，再有采购。这样，我们创意人员就可以全力以赴。

微博客户市场部曹宇翔：先自我介绍一下，我来自新浪微博客户市场部，我叫迈克尔。

麦当劳中国市场部副总裁暨首席市场官须聪：微博作为一个主流媒体，他们也非常感兴趣，所以我们最后达成了一个三方合作。

微博客户市场部曹宇翔：评选标准只有一个，就是播放数。监测时间有19天。就是有广告资源助推的5天时间，加上14天自然流量，大家可以去想办法拉票。

McCann & Spencer 主帅黄光锐：我从香港飞过来参加，我没有看过这样的一个比稿。很公平，又安全，又在资源出租之下去做事。

Havas 主帅孙二黑：这是跟以往比稿最不同的一点。

华邑主帅杜卫：重新回到了以前比稿应该有的样子。

麦当劳中国市场部副总裁暨首席市场官须聪：最后的成品是一个用于互联网传播的视频，时长介于30秒到90秒之间。

琥珀主帅刘阳：消费者直接去体验，去决定它是不是一条好片，这是一件很有意思的事情。

AdMaster 联合创始人、首席技术官洪倍: AdMaste 是一个很资深的广告监测公司,相信在我们的技术努力下,我们能够把整个活动当中的数据采集做到透明完整。

二更主帅常培羚: 我们希望能够产生非常好的化学反应,给到大家非常好的作品。

云集将来制片蔡懿鸣：从7个方案当中选出5个方案，我觉得这是比较尊重我们创业者的。

华扬联众主帅孙学：不同于以往，其实我们更愿意把它叫成一个比赛。

金投赏贺欣浩:大家今天抽签抽的位置,就是我们7月14日提案的顺序,我们提案的场地是非常有使命感的,就是在漕河泾麦当劳总部。

提案前十天

二更主帅常培羚:网友对你有那么好的预期,你却没有把最重要的东西提炼出来。一支是MV,从都市男女声的这种留言故事里,提取出了很有趣的原型。我比较喜欢新连接的那一支。

二更团队讨论:它可能真的是麦当劳自己都不曾发现的新的东西和美的东西。在90秒钟之内把那么多的信息浓缩进来,这是很重要的。

提案前七天

华扬联众主帅孙学：我觉得最重要的就是要去体验生活，年轻人的体会一定比我们深，我也非常看重这次创作过程。对我来讲，有北京年轻人的生活体验，也有上海年轻人的生活体验，情感触动这一类的东西。也许是更讨巧。

提案前五天

Havas 团队讨论：可以说我是有百分之百的把握，也可以说我一点把握都没有，这次走的是一条冒险的路。究竟能够发现新大陆还是一去不回头，这谁也不知道。吴亦凡穿民族服应该也挺帅的。

Havas 主帅孙二黑：我们不应该只看到内部的竞争对手，应该看得更远一点，我们最大的竞争对手是 KFC。

Havas 团队讨论：对年轻人来讲，这是一个伴随的意义。

提案前三天

云集将来主帅李佳梦：I'M lovin it，我就喜欢。现在的年轻人，"我就喜欢，关你什么事"。我们公司其实不是广告公司，而是一个纪录片公司，所以我们对麦当劳这样的广告理解，会和别的公司有比较大的区别。发散性思维的创作对大家没有太多的限制。

提案前一天

琥珀首席创意官 CK:我拿到这个 breif 时,第一晚睡不着,觉得机会太好了。所以我觉得麦当劳是一个很受人尊重的品牌。不是马上开始想创意,我觉得要多了解一点这个品牌,然后多了解一点我们的 TA(Target Audience,目标观众)。这是拿到 breif 的第一个步骤。

McCann & Spencer 主帅黄光锐：这个小女生我们叫 Fearless Girl，就是不惧怕任何东西的小女孩。53 个创意，最后两个更用力。

麦当劳团队提问：在这两个创意里，你们觉得在微博里面跟 Value 会是什么、谈论什么。

McCann & Spencer 同事：这里面还有一个女性的角色，不一定是 20 到 30 岁，可能开始的时候是小妹，但一个 28 岁的她可能已经是 manager，已经是大一小组的人，所以这样的角色冲突更大。

复旦大学市场营销系主任蒋青云：我觉得至少麦肯没有表现出应有的水准，他的洞察太正常了，不出彩。

华扬联众主帅孙学：一个是比较温情的，另外一个就是高兴、开心的。大家不要太挑剔音乐是简单合成的，有导演、有其他人参与时，这首歌会很不一样。

麦当劳中国市场部副总裁暨首席市场官须聪：MV性质的视频，对吧？纯粹就是一个MV性质的视频。

华扬联众主帅孙学：我想，自助点餐要能够便于你不想排队，点餐排队对我来讲是一个困扰。但还有一部分人，就算他排队，他也点不了餐，暂时不像平常人一样去说话的人。在新媒体时代，我觉得爱心也是相当好的自传播力。

专家点评

麦当劳中国市场部副总裁暨首席市场官须聪：华扬有两个，第二个是唱歌跳舞的，对吧？

中国广告杂志主编张惠辛：把聋人节作为一个切入点，然后用来表达一种自强、爱心。

二更主帅常培羚：我们很有信心。因为是我们众多青年导演当中精选出来的，展现的是我们现在年轻人最聚焦、最愿意讨论的话题。

粉丝提供的很大一部分内容，都是在说跟麦当劳之间是一件快乐的事情。其中不乏大儿童，特别多的大儿童在说：我特别喜欢麦当劳套餐，但我在买的时候会有那么一点点小尴尬，因为是成年人了。我们会用"选我喜欢"点出快乐这样一个切入点，去谈谈内心的快乐和童真，成人世界的不便表达不用每个人都懂。

二更同事：点餐机可以消除成年人买儿童套餐时的内心尴尬！我们和你在一起，麦当劳支持你——这是我们之间的小秘密。

二更主帅常培羚：我们发现有一大批网友说："机器好好，我都不用说话了。"这是社交恐惧症……一直在讲这个机器对他的好处。这个点餐机其实是对立而设的。那个点餐牌是一个小道具，对于买餐的人来说是送食物过来的一个道具，有没有可能变成点赞的新工具？

麦当劳中国市场部副总裁暨首席市场官须聪：你们有多少把握可以把它在 90 秒钟之内呈现出来？

二更主帅常培羚：现在分镜其实画得还蛮细的，想要去呈现的冲突我们都已经控制好。

我觉得第一个有关儿童套餐的可能更像麦当劳一直以来的广告。而后面那一个可能是自己基本面的一些传播。

专家点评

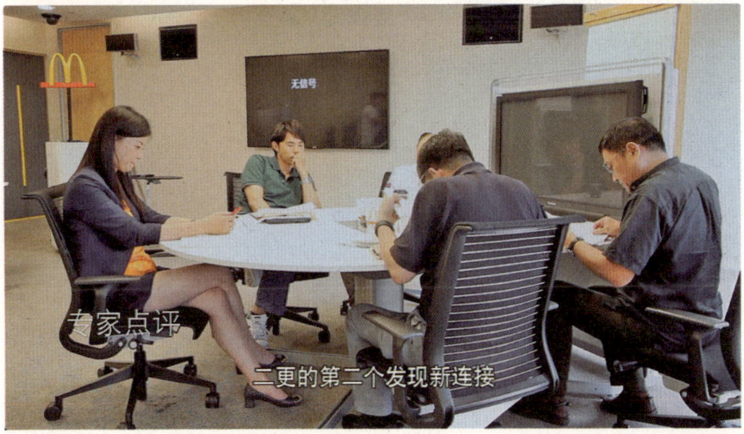

复旦大学市场营销系主任蒋青云：洞察还比较到位的，是二更关于沟通障碍恐惧症。

中国广告杂志主编张惠辛：二更的第二个"发现新连接"，我看到也是同样洞察上有一点偏差。

琥珀主帅刘阳：肯定是竭尽全力，倒不觉得一定是一个比赛，应该是一个交流的机会，把最好的东西拿出来跟大家分享。

琥珀同事提案中：我不知道大家有没有遇到这样的情况，就是当你面前有一个这么高的孩子时，你会很自然地蹲下来跟她讲话。我们说麦当劳也拥有了这么温柔的技能。

琥珀主帅刘阳：你蹲下来了，你看到他眼睛里这个世界是什么？这是很重要的一个点。现在大家生活节奏太快，没有太多的耐心去跟小孩沟通，但你还是应该多一点耐心，蹲下来跟孩子平等地沟通，平行地沟通，就像麦当劳一样。

琥珀同事提案中：这条故事跟前面两条还真不太一样，我们想特别一点，我们不用惯常的一些广告商业运营的手法，想用一种更病毒式的手法，这些素材都是真实的，比如说那些闭路电视，比如说 CCTV 那个超市。我们从这些素材里找到可以展现全世界各地排队中出现的比较有趣的那些东西，再配上有趣的音乐和音效，甚至是综艺节目里的那些音效，做成一场欢乐的片子。

专家点评

麦当劳(中国)全国市场部副总裁汤俊章：蹲下来，我觉得这个 idea 和品牌、和我们的产品的连接是好的。只是蛮可惜，在故事情节发展中，没有再把它挖得更深一点。行动是蹲下来了，但没有说“我为什么要蹲下来”。

Havas 主帅孙二黑：这次我们没有带导演，但是把好演员带来了。你们看，那只鸡好奇怪——“我要成为麦当劳的点餐鸡”。

专家点评

复旦大学市场营销系主任蒋青云：“我要做一个不同的鸡”？是容易传播，但会有一些负面的影响。

中国广告杂志主编张惠辛：可以改一改。不然确实有负面的影响。

提案前

云集将来主帅李佳梦：我觉得大家都很强，有60%的信心吧。镜头一开始可能会出现一个野人，他的背景大部分是以黑色构成。两个人同时拿到同一根薯条的那一瞬间，他们的眼神火光四射。

专家点评

中国广告杂志主编张惠辛：我在考虑你们整体的风格，它的统一性问题，整个调性怎么来安排？

提案前

华邑主帅杜卫：很紧张。比提案还紧张。这是最本质的，可以上升到更加社会性，更加重要的是要自己来麦当劳。ideal 同样了六个字（有本事自己来？/有本事自己来！），问号和感叹号的效果是不一样的。有没有可能把这六个字做成像 just do it、小黄人，或者一些卡通片的一个 IP 呢？张老师坐在我面前，这是什么鬼？然后我就翻了一下白眼，你都那么老了，有本事自己来。第二个创意是我们聚焦在人生各个范畴里面，它的一些moment，让他自己来。这个女孩还坐在这里加班，身边的同事就走过去——“需要帮忙吗？”“不用，我自己来”。以“自己来，哪怕不完美”结束。然后画外音问那你想怎样？自己来呗！后面一段是因为这是个比赛，是刻意加的。

麦当劳中国市场部副总裁暨首席市场官须聪：受众会理解的。

华邑主帅杜卫：不太好，效果不是太好就太烂。

专家点评

麦当劳中国市场部副总裁暨首席市场官须聪：我觉得云集是比较弱的。

中国广告杂志主编张惠辛：云集确实比较弱，没有掌握广告的特殊规律。

旁白：七进五中，以纪录片和短视频为主的二更黑马本色尽显，获得第一。前期做足功夫，用创意的构思，激情的演讲，超低预算的报价征服了评委，让其意外赢得排位赛单位。法国Havas提案时踌躇满志，意气风发，但因创意上大胆冒险，剑走偏锋而功亏一篑。

老牌劲旅华扬联众用关怀残疾人的理念，稳稳进入前五。华邑明星主帅极富个人魅力的演讲，极具煽动性和感染力的表现，透彻评审心扉。琥珀带来“蹲下来”的Big idea，用孩子的视角击中评委最柔软的地方，顺利拿到下一轮的入场券！云集将来作为中国最专业的纪录片团队之一，用其唯美的影像来阐释他们对麦当劳食物进化论的理解，但评审觉得这与商业关联稍弱而遗憾出局。晋级前五的公司分别获得麦当劳提供的100万元，用于将提案脚本拍摄完成的预算。在接下来不足两个月的时间，必须全力以赴完成交片。

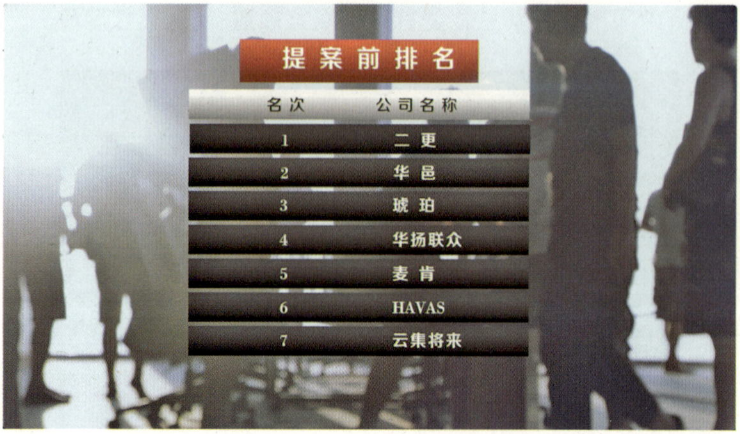

交片日

二更主帅常培羚：我觉得首先我们抓住小的 insight，小的秘密，小的细节，这种不知道的美去呈现，这是我们抓得很好的。大家可以看一下。导演和我们的后期再剪辑的时候，节奏感把握得非常好，给自己9.9分。

华扬联众主帅孙学：洞察里面的东西我们是比较满意的，也贴合了当下比较热门的话题——这条片9分。

McCann & Spencer主帅黄光锐：拍广告就是选好一个创意之后，由导演主导。但这次不是，这次有很多人一起参与，起码7分到8分。你知道吗？我拍的那天在香港刚好遇到台风，我们很紧张。要是多三个小时会更好。

华邑主帅杜卫：我们是超支的，超了 12 万多元，所以希望我们的金主可以听见我的呐喊，希望得第一名的话给回这部分好吗？这种体验我觉得不会再有下一次。创意也来自那个恐惧——很怕很怕最后一名！6.5 分，八次。

华扬联众同事：我们没有把它当作一个比赛，更多的是把它当作一个类似公益的项目来做，我们也可以打 9 分。

华扬联众主帅孙学：蹲下来，在孩子这个相同的高度去对话，也是一个蛮有趣的事情。

华邑主帅杜卫：我喜欢华扬那条。很明显，走心的情感类，元素都齐全。它的风格决定了很有潜力成为第一。

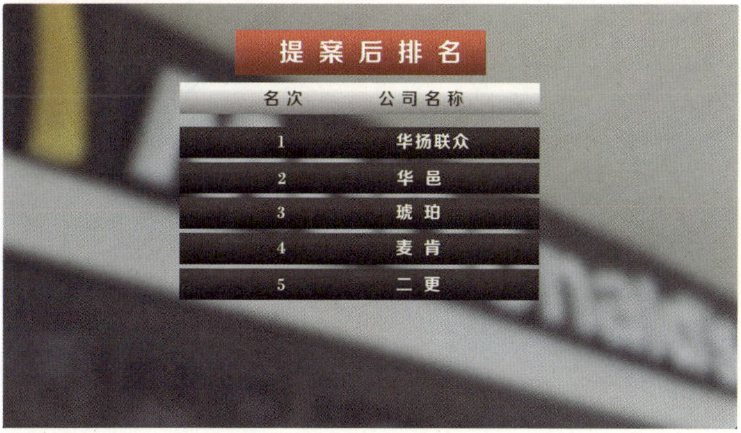

高水平的竞技，无论是“蹲下来”的那些细节，还是放手的那些观察，所有的积累都是在这一刻爆发。开始选聋哑女放手这个 idea 的时候，其实我并不确定。但影片一放，我就会起鸡皮疙瘩。

麦当劳中国市场部副总裁暨首席市场官须聪：当时进五提案的时候，有一两个我很喜欢的脚本，但最后出来的时候还是有一点落差的。也有一些我不确认的脚本，但是拍出来还是有点意外。

主持人：各位，今天我们麦当劳的五条视频，视频素材已经 ready。

微博客户市场部曹宇翔：现在是北京时间 9 月 15 日中午 12:18，我们就正式上线。

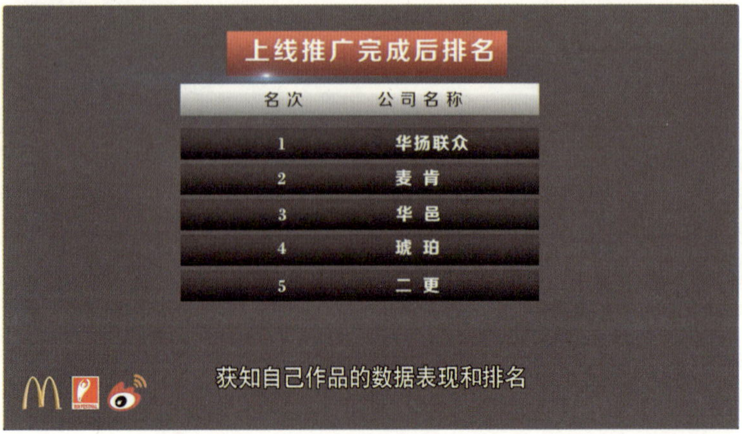

旁白:竞争开始白热化,比赛一共有24天。根据规则,第一阶段7天时间里,五家参赛公司都可以获知自己作品的数据表现和排名,是一个完全透明的环境。

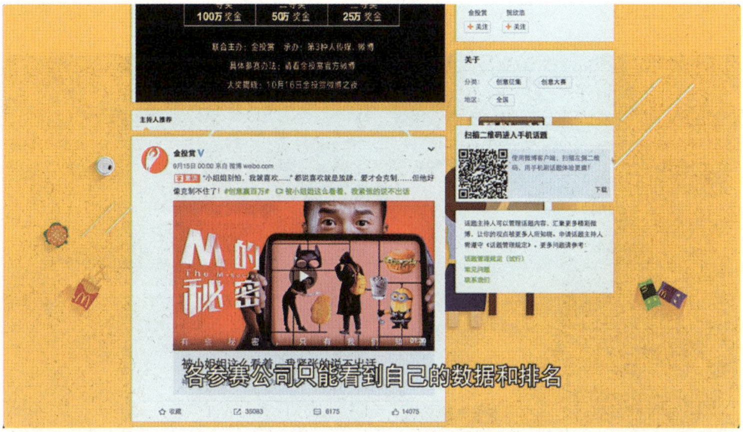

第二阶段10天时间里,各参赛公司只能看到自己的数据和排名,无法知晓竞争对手具体数据的表现。

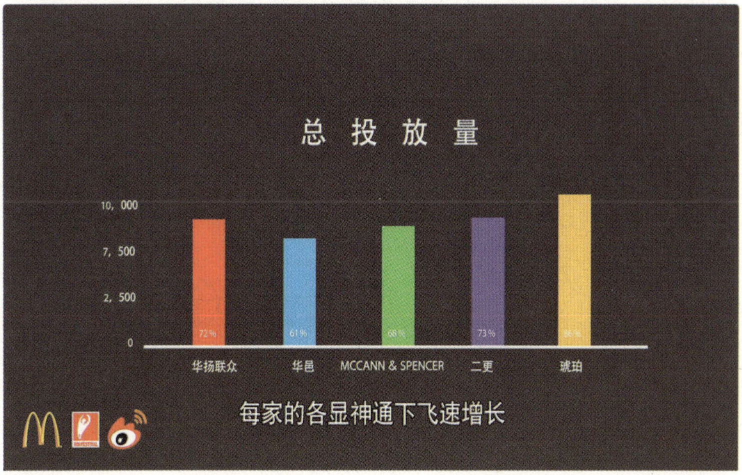

旁白：第三阶段最后7天时间里，排名不再显示，留下悬念，最后在金投赏国际创意节的微博之夜上揭晓。比完了比稿能力与创作能力，接下来就是抢占数据资源的肉搏了，五条广告的流量都在每家的各显神通下飞速增长！

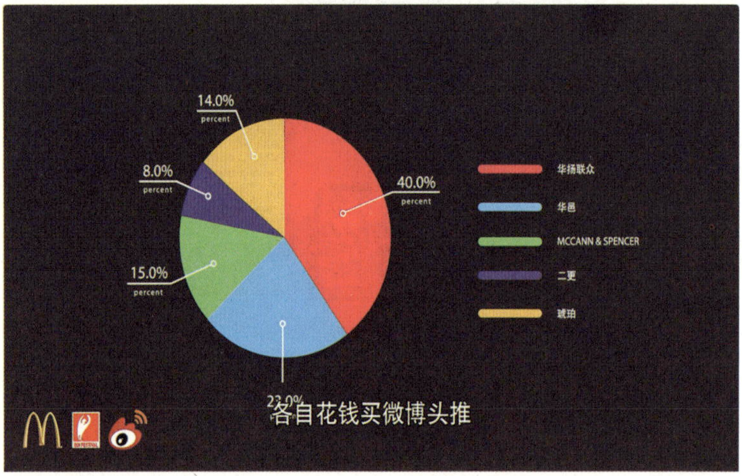

各自花钱买微博头推，发动员工和盟友，甚至明星大V转发。情急之下，麦肯的投诉与吐槽，二更的悬赏和盘外招也让主办方始料不及。

当即做好沟通协调，并发布“禁止用物质诱惑大众转发”令。

“十一”黄金周微博阅读量已经突破6亿，最终定格在7.5亿！10月16日上海金投赏国际创意节微博之夜，大家欣赏完五条影片后，揭晓了最终的成绩。

第三名：M的秘密

第二名：刺猬小姐

第一名：跟踪

旁白：在众人的祝福中，前三名分别获得了100万元、50万元、25万元奖金。“信任是金”，信任一定需要两个以上的人才会产生，时间是共同成长的土壤，空间是彼此呼吸的空气，尊重是互相流动的血液。

扫码观看金投赏“信任是金Ⅰ”纪录片

《信任是金Ⅱ》——京东“6·18”创意视频

扫码观看金投赏“信任是金Ⅱ”纪录片

M&C Saatchi aeiou 大中华主席/首席创意官　刘凯杰

在英国学习艺术设计，并在美国攻读建筑与广告。他拥有 31 年广告经验，曾受邀担任多家国际广告公司执行创意总监，2003 年，他创立中国最早的创意热点 aeiou。该公司迅速崛起成为广告界最热门的创意精品店。他是 25 位获得纽约广告节亚太地区创新成就奖的广告人之一。2013 年，M&C Saatchi aeiou、M&C Saatchi 是全球最大的独立国际广告公司集团，在全球有 27 个分公司，总部设在英国伦敦，是一家伦敦上市公司。

英扬传奇首席创意官　邹晖

英扬传奇创始人之一，中国广告崛起的标志性人物，是第一批获得海外奖项的中国本土创意人。入选中国最具影响力的创作总监 100 人。亚太 10 大创意总监之一。带领团队历年收获最多行业奖项的创意团队。斩获戛纳、oneshow，纽约广告奖、龙星、时报亚太、时报华文等全球以及亚太区奖项，以深刻的人性洞察和极具感染力的文笔见长。

服务纳爱斯集团超过 15 年，陪伴企业规模从 2 亿到 300 亿元，为旗下多个品牌——雕牌、纳爱斯、伢牙乐、超能等打造众多品牌与传奇。

MATCH马马也创始人　莫康孙

莫康孙先生在广告业工作43年，他先后担任 McCann ERICKSON 麦肯香港，新加坡，纽约，台北和中国大陆的创意领导工作。在过去的三十多年，莫康孙只为一家广告企业服务。在中国服务的二十年中，他领导麦肯·光明成为创意获奖最多的广告公司之一。他的创意工作得到许多国际性奖项，如戛纳、卡里奥、纽约和伦敦广告节等。莫先生先后多次为戛纳、卡里奥、纽约、以至亚太区的各大广告节担任评委。目前他是纽约广告节的常任理事、卡里奥在中国、龙星华文广告、时报华文广告、中国全广展等的顾问。

二更全国商业创意群总监　龚育庭

曾任职国际知多数字营销整合机构，拥有9年的营销行业经验，所服务过的品处与客户涵盖了快销类、汽车类、电商类、旅游类等。

是一位活跃在一线的营销行业实践者，一直为提升品牌的影响力而努力。

华扬联众执行创意总监　邱博涵

1981年北京生人，籍贯上海。

2003年客户部入行，先后任职于叶茂中、好耶、电通、灵狮等公司。

服务客户包括：京东、天猫、Jeep、Auai、LEXUS、淘宝女装、蒙牛、特仑苏及车和家等。

北京电影学院进修班客座讲师。先后带领团队斩获众多国际国内创意奖项，任多项创意奖项的终审评审。

胜加广告合伙人　马晓波

一位厚积薄发的创意人，也是当下中国最会“讲故事”的创意人之一。信奉“观点用故事表达”的创作理念。他的故事会中，为方太、HTC、雀巢优活、每日优鲜、小猪短租、喜马拉雅 FM、美的等不同领域的品牌构建起从品牌故事、产品故事，到社交故事、文化与公益故事等完整而独特的内容体系。

通过丰富多彩的故事，在中国消费升级的黄金时代，为蓬勃兴起的本土品牌、塑造富有魅力的社会公众角色和社交角色，是他最大的使命感和成就感。

葛瑞集团上海首席创意官　吴佳蓉

拥有大中华区域 20 年的广告经验，她是业内出色的创意领袖。从 Oglvy 奥美上海执行创意总监，McCann 麦肯集团，再到 Grey 葛瑞大中华区，她为所属集团组建海内外线上线下精英创意团队，服务沃尔沃汽车、宝洁、吉利、统一、彪马、巴黎欧莱雅、美宝莲、上海通用汽车、雷兰泰史克，及蒙牛等一众国内外知名品牌。近期荣获 Campaign ASia 评选出的中国区“Digital A List”（数字领域名人榜）。

京东副总裁　门继鹏

2017 年，金投赏开创了颠覆广告行业的“信任是金”创意比稿模式，为麦当劳产出了 5 支 90 秒的精彩视频。

2018 年，京东作为品牌命题方以“6·18”为题开启“信任是金 2”，邀请行业大咖们共同打造视觉盛宴，以创意点燃热爱。

15 天准备两支 90 秒的脚本，相同的 100 万元预算。

4 月 8 日金投赏“信任是金”第二季　七进五提案

二更　方案一：夏日恋物欲
　　　　方案二：头号买家

二更全国商业创意群总监龚育庭：这是来自大家作为消费者的精神世界的一支片子，我们把它叫做“头号买家”。我们也考虑到传播，目的还是要为京东“6·18”本身做一个预热。我们这支片子能够起到这样的效果。

GREY 葛瑞集团　方案一：锦鲤

方案二：我的狂想人生

葛瑞集团上海首席创意官吴佳蓉：京东如何从一个偏男性的品牌实现转变？我们通过一些治愈的、寓言的、都会的好的故事，尝试打动更多不一样的体验的心，这是我们背后潜藏的一个目的。

葛瑞同事：第一个故事有点耐人寻味，我们为这个故事取名“锦鲤”。

吴佳蓉：今天我觉得我们做得到，不负我们连休（清明假期）的时光。

华扬联众 方案一：Middle/在中间

方案二：一年的中场时刻

华扬联众执行创意总监邱博涵：品牌走到了一个平台级的较量，谁都能呈现出这种平台感，谁都能让所有的品牌加入到这个平台，在我们的主题下面一块儿“玩”，并且把所有人囊括进来，其实这才是关键的。

邱博涵：我们不作预测，用最大的努力，争取更好的成绩。

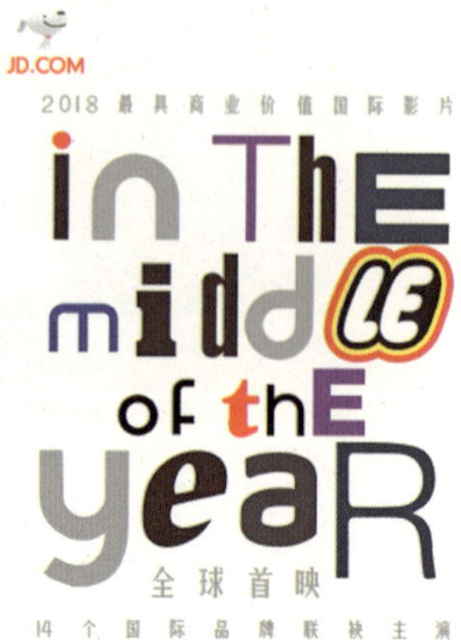

SGAD 胜加广告　方案一：距离
方案二：我心里的每一个节

胜加广告合伙人马晓波：我们需要给"6・18"赋能，我们讲科技创新、赋能共赢，那么在这个 case 里面，我们需要所有人一起发动脑筋，想想看，"6・18"的情感价值到底是什么。如果它是一个节日的话，那到底是一个怎样的节日？

马晓波：几个终审评委都提出了一些问题，我会把它们理解为相对乐观的一个信号。

M&C SAATCHI　方案一：京东“6·18”剁手进行曲
方案二：ASMR

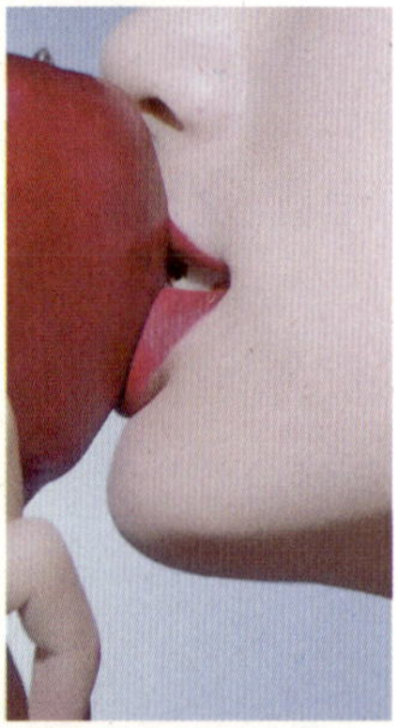

M&C Saatchi aeiou 大中华主席/首席创意官刘凯杰：在这两个星期里面，我们也遇到一些小小的困惑，在于我们应该在提案的时候用什么方法来提。

M&C Saatchi aeiou 同事：狂欢有另外一种形式，它叫做“暗爽”。那么转换到这一次我们京东“6·18”的主题，我们怎么样再把这种效果极致化——ASMR。

刘凯杰：我们一直抱着好玩、参与，很用心地去做这件事情，一直都很开心。

MATCH 方案一：那么远 那么近

方案二：爸爸的菜谱

MATCH 马马也创始人莫康孙：做这么多年广告还有创意，最吸引我的是品牌。有情感、有故事的品牌才真的会让受众爱它、喜好它。

莫康孙：我们筛选了很多想法，最后挑了两个我们蛮喜欢的，能过得了自己才能过得了别人。

Intoung group　方案一：第 1 000 次的求婚
方案二：公路上的 Party

英扬传奇首席创意官邹晖：为了吻合我们年轻时尚有活力的调性，所以我们请了一位年轻时尚的小伙子来提这个方案。

英扬传奇同事：“想要快快快，有时也会很无奈；想要快快快，有时身体想停下来。”

邹晖：提案的这个渲染度可能还不是特别完美，故事的表达可能还不够精彩。

评委点评

复旦大学管理学院市场营销系主任蒋青云：我觉得今天各个公司拿出来的作品，相比上一季有非常大的进步。

媒介 360 创始人兼 CEO 钱峻：我觉得这七家公司都是非常有意思，而且有趣。胜加(第七名)相对来说记忆方面可能不够深刻。

Admaster 精硕科技首席技术官洪倍：我们综合考量了这些创意之间的差异，然后找到一些更适合京东的这次命题。我最喜欢的还是莫老师(第一名马马也)的那支“爸爸的菜谱”。

京东集团市场部品牌总监齐辉：我觉得这七家都很棒，从不同的角度、不同的操作手法来提不同的创意，确实是让人脑洞大开。英扬传奇，我是从创意层面上考虑，他提的这两支创意以前都有类似的。从创新的角度来说，我个人是不太喜欢的。

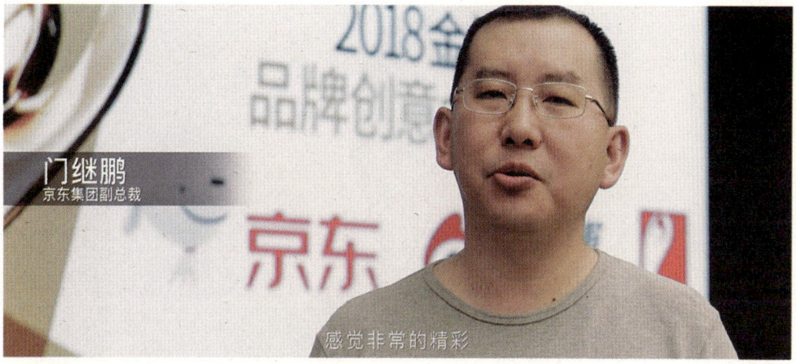

京东集团副总裁门继鹏：应该说今天听了七家（的提案）之后感觉非常精彩，每一场都有可圈可点之处。M&C SAATCHI（第三名）的那支跟以往的广告很不一样，说是用声音，其实视觉也很棒，而且非常强有力地用了竖屏这种形式。

最终结果

第一名：马马也

第二名：葛瑞

第三名：M&C SAATCHI

第四名：华扬联众

第五名：二更

关于28天的挑战

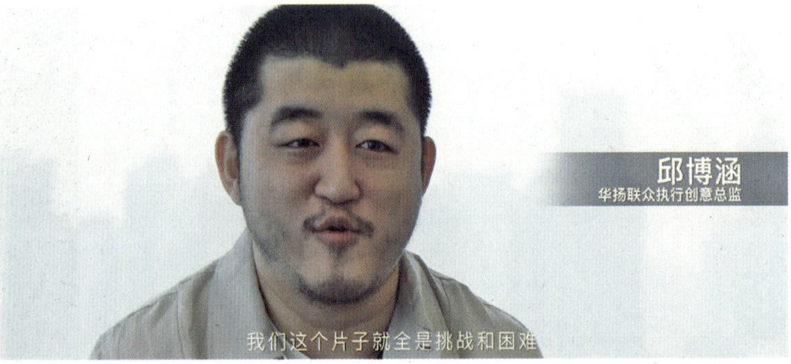

华扬联众执行创意总监邱博涵：我们这个片子全是挑战和困难，两天48小时，我们拍了44小时，每一秒钟都是挑战。

葛瑞集团上海首席创意官吴佳蓉：我们原先当然是想找一些粉丝数很多，类似这样的一个演员，但最终还是忠实于创作上面人物的原型，找了比较演技派的人。这也是另外一种“信任是金”，我们相信她可以做得到。

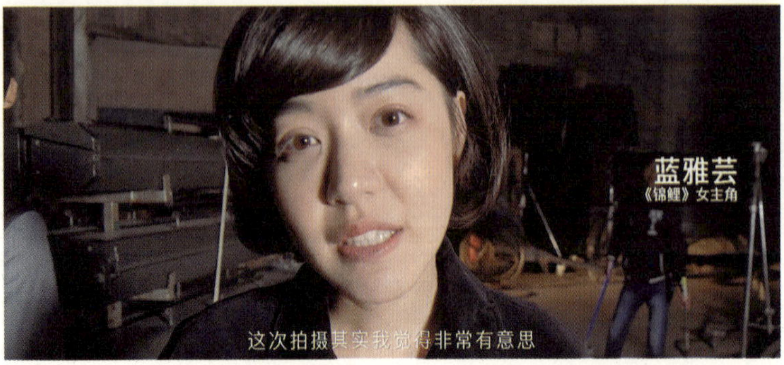

葛瑞《锦鲤》女主角：这次拍摄我觉得非常有意思，很多前辈在现场都说看到这支影片一定会觉得心情很愉悦。

葛瑞《锦鲤》总导演：JINLI I have a lot of good luck，It is special。

二更全国商业创意群总监龚育庭：这一次我觉得大家都是非常尽心尽力，我们团队把我们该有的、最好的能力和诚意都呈现出来。到后来我们一直改到提案前的四小时，我们还是在尽力争取有没有更好的机会。

M&C Saatchi aeiou 大中华主席/首席创意官刘凯杰:任何创意如果有更多的时间都是一直可以再打磨下去的,这也是这个行业为什么有个deadline存在的原因。就是说,怎么样在这个最终期限里可以做到最好。

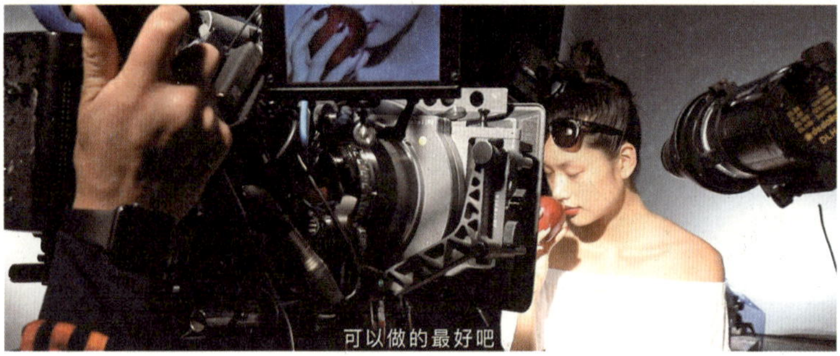

MATCH 马马也创始人莫康孙:的确,从接到要做这份工作,到筹备、拍摄、交片,时间是非常压缩的,很短的时间。

5月7日主帅们到达上海总部交片

新浪集团战略发展与国际业务拓展总经理洪力舟：非常欢迎大家这么早来到我们新浪微博办公室，我们会尽我们的努力，提供一个开放、公平、公正的平台。

京东集团市场部品牌总监齐辉：我们希望这个活动只是一个开始，未来我不知道会有什么样的场合，能把我们这么好的创意人再聚在一起，再做一个更好的合作、更大的合作。

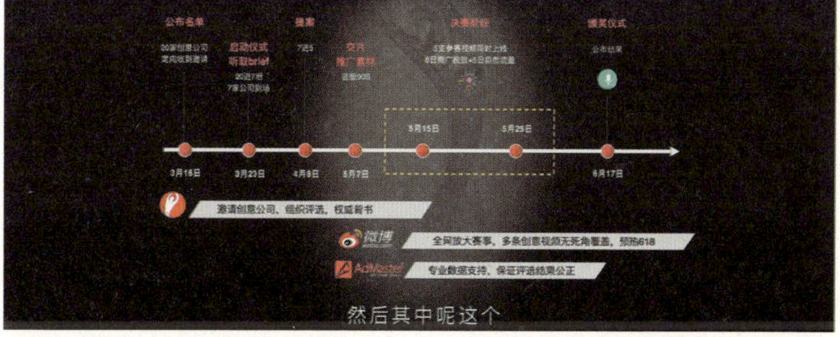

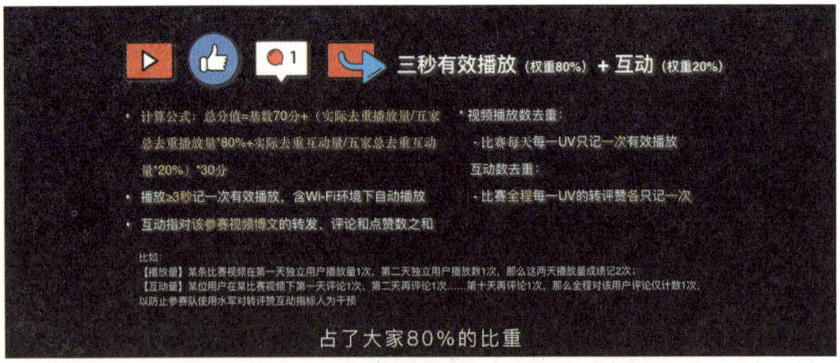

微博客户市场部曹宇翔：整个比赛是从5月15到25日，其中跨度是11天。前6天有我们的商业广告资源帮助大家去推广视频。在后面5天，没有任何商业广告资源，“三秒有效播放量（权重80%）＋互动（权重20%）”。互动包括网友的转评、点赞的统计。

通过公平抽签，五支视频决定了各自上线的时间段

交片感想

M&C Saatchi aeiou 大中华主席/首席创意官刘凯杰：广告人有这样一个机会，可以让你做一些东西出来，但同时也要服务这个客户。我觉得这都在于你刚入行时的一个原因：为什么想做这个行业？

我最喜欢的是老莫的片子。

二更全国商业创意群总监龚育庭：在这个过程中找到了很久没有的那种有趣的、好玩的，能被 touch 到的一些 idea。

我非常喜欢华扬的那一条(Middle)。

葛瑞集团上海首席创意官吴佳蓉：这一次让我感觉重回了当年，我一直记得我曾经拍过的一个 60 秒以上的片子。当它第一次在电影院播放时，那一刻你就觉得做这个行业好像是可以的。

我个人最喜欢“在一年的中间”这个主题，执行上我认为还有蛮多的机会。

MATCH 马马也创始人莫康孙：我觉得这次最难得的是这个平台——京东、金投赏，让我们这些创意人能够有这么大的空间去发挥。

我喜欢“在一年的中间”，它有它的切入点，因为“6·18”也是一年中间的一天，虽然它给到的是有限的几个品牌而已，但是你可以想象这个 idea 是能够延伸到各种各样不同的品牌和产品的。

华扬联众执行创意总监邱博涵：热爱是什么？不是说这件事情你百分之百有把握可以做好，而是即使只有百分之一的把握，百分之九十九可能失败的时候，依然愿意去做。

从比赛的角度，我觉得“爸爸的菜谱”这支片子是不错的，因为它会带来一些情感上的互动。

6月17日颁奖典礼

京东集团副总裁门继鹏：今天非常荣幸来到这里，跟大家一起见证《信任是金 2》纪录片的首映。

冠军 M&C Saatchi aeiou 大中华主席/首席创意官刘凯杰：希望这次比赛——《信任是金 2》可以带来一些启发，希望明年的“信任是金”可以更上一层楼。

扫码观看金投赏
“信任是金Ⅱ”纪录片

冲刺理论的诞生

大家看了麦当劳和京东这两个纪录片，应该对“信任是金”模式的背景有了一些了解。现在，我就来和大家分享一下这背后的洞察和发现。

信息不对称导致信任危机

我们先来看一下这个模式成功的背后。这张图显示的是普通的比稿过程。从中我们可以看到：如果广告主要去找到新的代理公司，环节将会非常多，而且这过程常常不是一条顺利的直线，当中会有非常多的反复。

这么多反反复复的来回，无论对广告主和代理商来说，都是不痛快也是不情愿意的。但为何存在这样的现象？是缺乏信任！我们有一个有趣的对两届广告主和14家选手公司的调研，发现原因在于：40.56%认为是广告主没想清楚，38.89%是广告主在推进过程中碰到各种各样的阻力，总之约80%是客户的原因。而广告主则认为40%是市场发生了变化，25%是其他原因（这里是指广告公司没有提供让其满意的创意）。

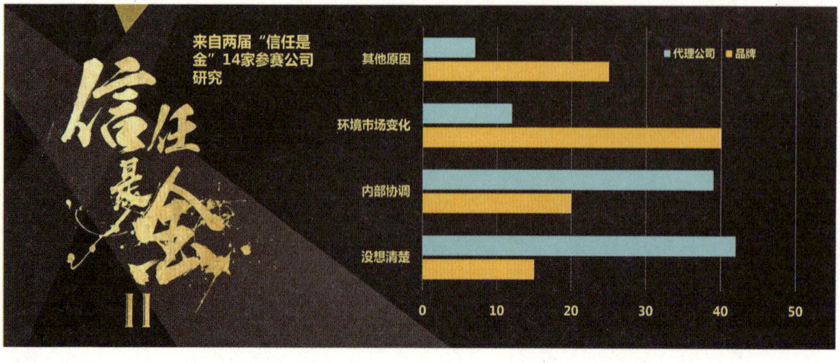

其实，这是一个特别有趣的现象，因为立场不同，广告主和代理公司处在对立的立场上，所以认知方面存在着差异。再加上创意交付是一个非常

复杂的过程，无法用普通的合约来规范，难以有一个统一的标准来实现双赢，让大家都满意。

上述这个实验，我是通过问卷调查的形式在 2017 年 12 月和 2018 年 6 月做的，其样本是两届参加“信任是金”活动的 14 家广告公司的首席创意官（或创意部的最高主管）和麦当劳与京东这两个广告主（首席营销官或营销副总裁）。由于样本数量有限，尤其是广告主的数量太少，这个实验的结果可能不够客观。后来我在 2018 年 8 月 3 日，借金投赏总评审的机会，现场让 113 位总评审又做了这个实验，其中来自广告主的营销官的占比超过了一半。实验结果如下。

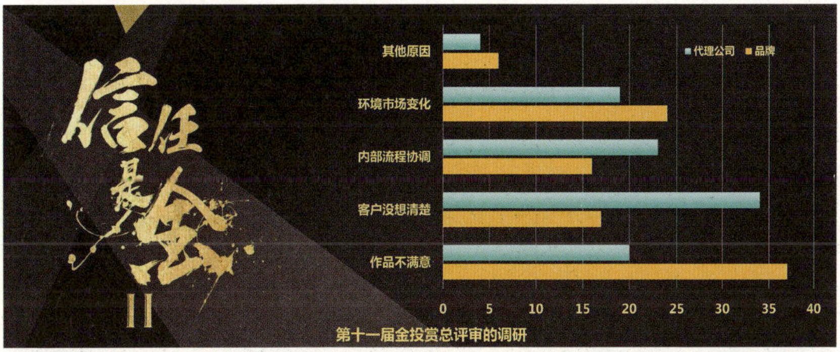

我们依然发现认为对方“没想清楚”的差距是最大的。这说明合作双方在沟通中存在着信息不对称。我相信，如果再做第三次、第四次实验，结果依然还是这样。这意味着，代理公司所付出的努力，有可能广告主看不见；而广告主所面临的挑战，代理公司也可能视而不见。这说明双方缺少信任和尊重。

建立“信任是金”比稿机制

Oliver Hart 和 Bengt Holmstrom 是 2016 年诺贝尔经济学奖得主，他们提出的现代合约理论为我设计“信任是金”的比稿机制以及“冲刺理论”提供了很好的理论依据。Oliver Hart 提出：由于服务委托是一个不完全契约，你无法解决双方信息不对称的问题；或者说，如果要定义出一个非常专业的契约，成本会非常高昂。所以，他提出的解决方案并非去完善契约，提高契约的复杂度，而是将它转换成绩效。也就是说，既然创意非常复杂，难以完善它的复杂度，那我就用分配决策权和控制权来替代奖励。这是一种用激励去解决问题的好方法。这个理论的前提是，假设可以通过激励让创意人更努力，就会产生更好的创意作品。关于如何激励出好创意，我的假设是，在能力一定的前提下，而运气在长周期中对其影响有限的背景下，努力是对产生好创意的最重要的变量。2014 年诺贝尔经济学奖获得者Tirole 在 2006 年与 Benabou 合作发表的一篇文章中，也提出了关于驱动人类行为的三种力量，那就是内在驱动，外在驱动以及社会声誉。

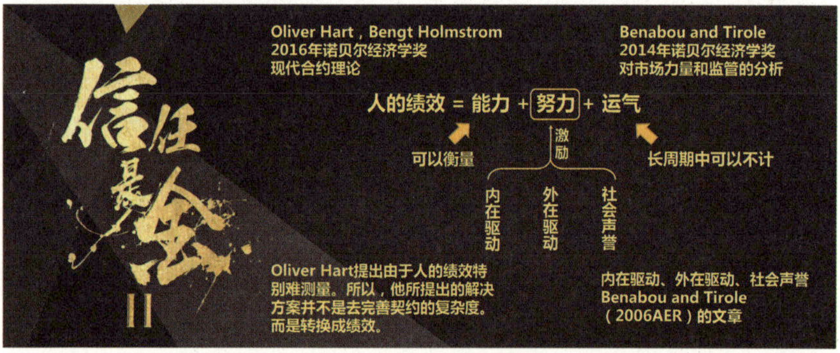

通过这张图，我们可以了解，对于广告主希望通过广告代理公司能获得好创意这个“产品”，它的绩效主要是来源于人的“能力”、“努力”和“运气”。“能力”其实可以被定义，包括主创人员有多少年的经验，曾经创作过什么作品，有哪一领域客户的经验，获得过哪些奖项，等等。而“运气”在一个长周期中其实可以忽略不计。我认为这当中最关键的不确定因素是“努力”。很多时候广告主选择了自认为能力胜任的公司或者团队来比稿，可能都是 4A 公司，都是差不多经验的主创，如果不考虑运气，其实我们常常所说的是否用心、是否投入地从事创作，这背后就体现了努力。而努力是可以被激励的。我也认为努力会影响最终的作品。

我们继续以比稿作为切入点进行实验，从广告主和代理公司的角度，他们是如何互相看待对方的努力,以及投入自己的努力的。

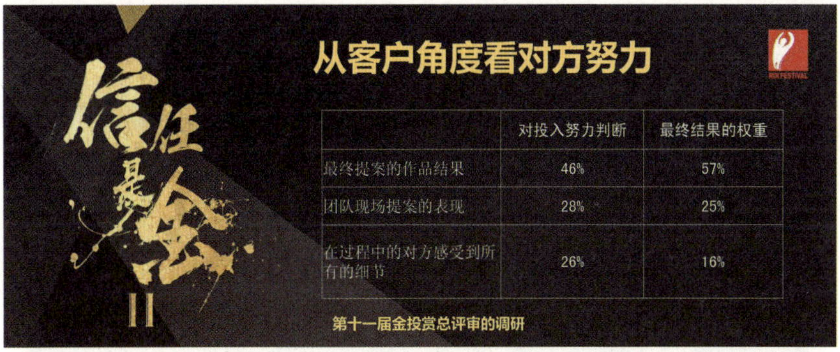

	对投入努力判断	最终结果的权重
最终提案的作品结果	46%	57%
团队现场提案的表现	28%	25%
在过程中的对方感受到所有的细节	26%	16%

同样,这是来自我们第十一届金投赏评审中CMO们的调研结果,反映了对于代理商在比稿上的努力投入,他们是如何评估的。我们可以看到,最终的结果、现场的表现,以及沟通的过程都会感知到对方的努力。但最终结果的权重是以最终提案的作品结果最高。

然后,我们再来看第十一届金投赏评审中来自代理公司CEO们的调研结果,体现了他们是如何在客户面前体现自己的努力的。为了确保调研结果的客观性,我在设计调研问卷时尽量用代理商CEO们的语言来提问。作为一家代理公司的CEO,其最核心的成本就是人力成本。如果要满足某项服务的话,就需要投入人力和时间,而时间是计算人力成本的尺度。假设客户对代理商的满意度有四个需求:(1) 最终出街的作品和效果,即好的创作人员提供服务;(2) 沟通理解合作的过程,即好的客户服务人员的投入;(3) 和其他部门的沟通顺畅(法务,采购等),因为很多企业里的市场营销服务团队和采购、法务团队是互相制约和合作的,如果代理商一直促使采购和法务因为价格或者其他因素制造障碍,就算提供再好的服务也是无效的;(4) 根据客户的发展积极投资部署学习能力和技术,很多广告主有自己的长期发展战略规划,包括未来市场发展的方向、新的技术和渠道的探索与使用,他们希望代理商可以跟随着自己的发展脚步去部署相关的能力。我请他们根据自己公司的经营情况,假设上述四项服务内容所需要投入的人力资源时间总计为100%,然后折算为公司成本,再分配它们各自的比例。其中第一个比例组合描述他认为客户希望他投入的成本分配，第二个比例组合是他站在公司的经营层面，理想的投入成本的分配，最后一个比例组合是他目前公司经营中实际的成本分配。

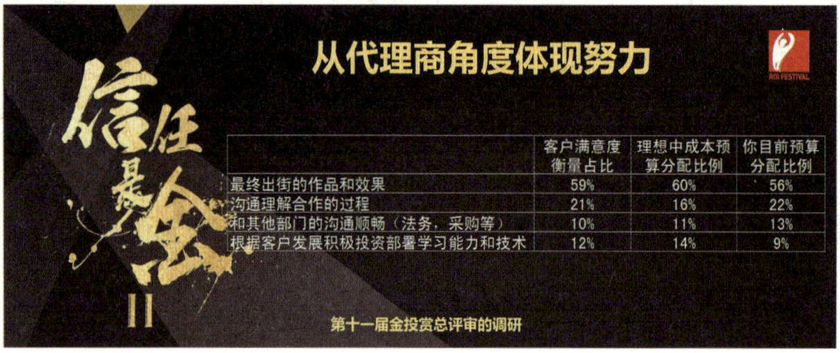

从这张表我们可以发现，代理公司有关目前经营中的成本分配比例和理想中的成本分配比例对比，在第一项和第四项的投入较低，而第二项和第三项的投入较高。如果将上述两张表合在一起，我们就会有非常有价值的发现。其实，广告代理公司如果要追求客户满意最大化，应该把成本投入即时间花在最终的作品创作上，其效率是最高的，达到 1.24，但在现实中目前只有 0.93，两者相差了 33.3%。而这些原本是属于最终作品创意上的时间被消耗在很多沟通上，或者说是无效的沟通上。

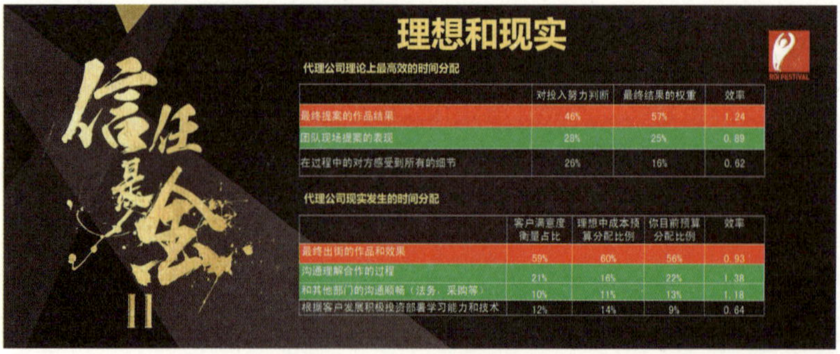

为此，我们又做了一次调研。这次调研的对象是前面大家看到的，参加了麦当劳和京东“信任是金”比稿的 14 家广告公司的创意部最高主帅，他们是公司创意部的最高长官。他们对于之前我们“信任是金”的比稿规则非常满意，因此我所做调研的问题是：如果说我们现有的机制设计能够激励其创意，那原有的机制会不会给他们形成了一种束缚？所以在调研问卷中我是这么描述的：

“作为创意的主帅，感谢你在‘信任是金’中可以100%地投入创意，但在其他的比稿中，你还是会花一点时间在其他的事情上，包括了解客户预算，了解客户一些内部架构信息，推进一些其他的事情，等待客户的回复和各项下一步的指示，以及创意提交之后有可能一轮又一轮的修改。在研究中，我们发现上述情况也耗费了创意人大量的精力，如果用百分百计，你觉得这会消耗你多少精力？”

调研发现平均33.3%，最高是70%，最低是15%——大家看一下，竟然最高的有七成的精力被消耗掉，只有三成用在创作上。

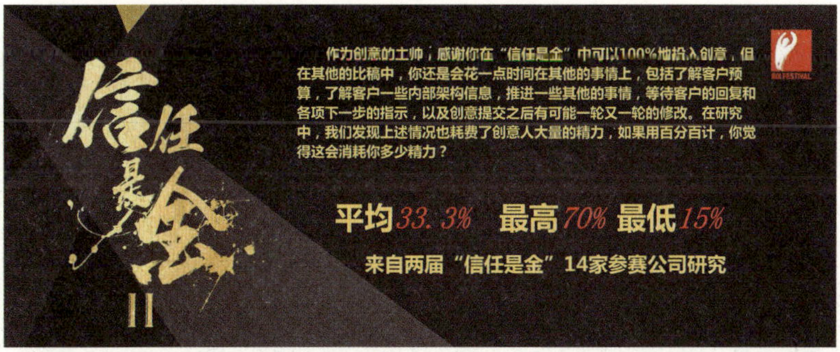

所以，我们是打造一个创新的比稿，设计了一个创新的机制，其目的就是为创意人扫清障碍，让他们充分去冲刺、去爆发！

明确目标，激励创意冲刺

“信任是金”的机制，将中间过程整合。我们先给品牌客户提议在这个领域中具有优秀能力的创意大师，获得品牌客户的认可。这个机制对于客户也产生了很大的约束，尤其是客户需要在内部将品牌和采购等流程一次性完成，这不仅要有非常明确的预算，还要有非常精确、严格的时间节点。这不仅可以得到创意大师们的充分信任，而且可以让他们朝着看得到的明确目标节点去发起冲刺。同时，这些业界大佬们同场竞技，再加上前三名能获得 100 万元的奖金以及媒体的高度关注也不断激励着他们。“信任是金”机制的核心，就在于我们将所有的环节整合，为创意人扫清了去冲刺的障碍。

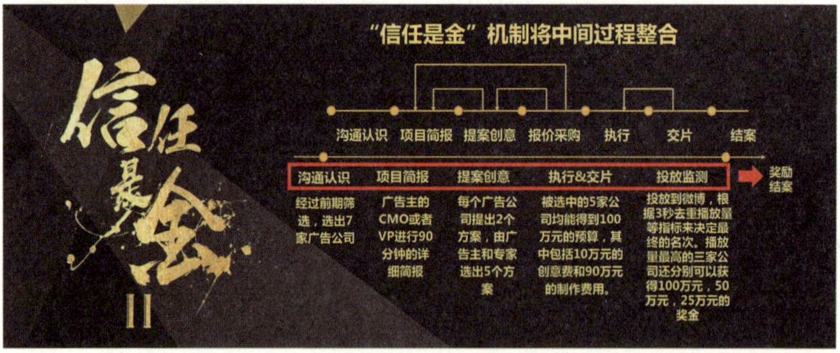

依据现代合约理论以及关于驱动人类行为的三种力量的认识，我们将这个机制分解。能力部分的筛选是通过公司规模、主帅经验、金投赏获奖成绩、主帅职位和从业经验、历届金投赏获奖成绩来达成的。努力部分的内在驱动，包括作品最后公司署名，提案只出 2 个方案，客户不修改创意(只有 Yes or No)，预算透明，高效决策等去激励赢得他们的尊重。外在驱动部分，通过 10 万元创意费，90 万元制作费，最高 100 万元奖金的物质激励去达成。最后社会声誉部分，包含金投赏的公信力、号召力，媒体曝光，顶尖的对手等。

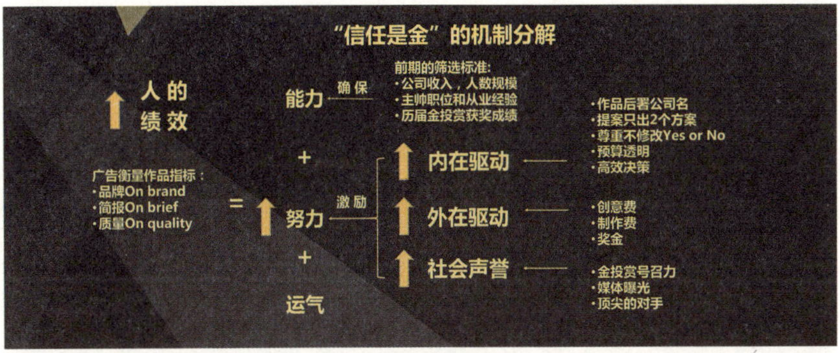

然后，我们来验证三个希望证实的假设。

我的实验就是2017年麦当劳的自动点餐机项目，以及2018年京东“6·18”项目。再次感谢麦当劳、京东两位客户和微博用真实的项目支持我去做这个实验。

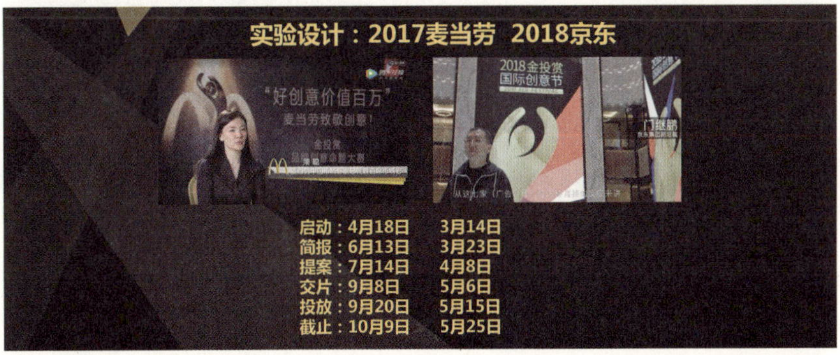

对于假设1，通过对两届参与“信任是金”的14家公司主帅进行调研，我选取了10个维度，我们发现采用“信任是金”机制后，代理商的满意度和积极性显著提升。

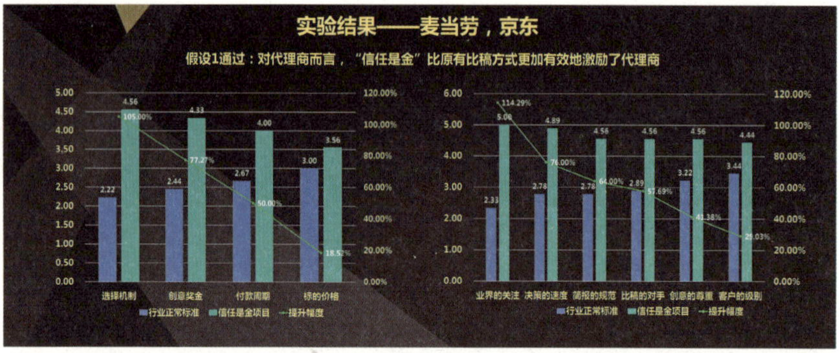

代理商的努力值平均能提升66%，其中对他们驱动力最大的是内在驱动（占42%），而社会声誉排第二（占35%），物质相关的排在最后（只有23%）。所以，其实创意人真的很简单，给他们尊重更能激发他们的动力。

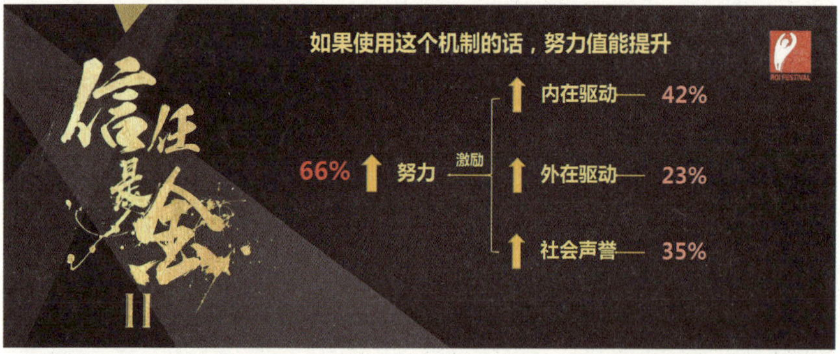

从客户的角度看，两届“信任是金”的客户在看了五支片子后，与他们目前选用的广告公司相比，或者根据他们的行业经验和一般公司相比，他们对这些努力后的创意人创作出来的作品，满意度是不是有所提升呢？

答案也是肯定的。我们通过三个维度——是否符合品牌，是否符合简报，最终作品的品质——来判断客户对这些作品的满意度，结果发现麦当劳的满意度提升了30%，而京东提升37.8%。通过上述实验，验证了“信任是金”的机制是成立的。

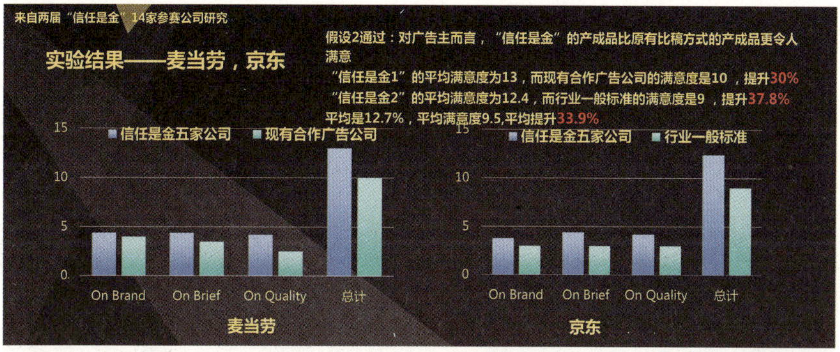

验证最后一个假设的数据来自微博，两届“信任是金”项目所创造的 90 秒视频广告，在微博平台上的表现从不同维度都大大超越了其他的创意作品。

假设3：从宣传效果上看，“信任是金”比原有比稿方式宣传效果更好

互动行为	指标	对比同期微博平台品速广告提升比例（整体）	对比同期微博平台品速广告提升比例（非明星）	对比同期微博平台品速广告提升比例（明星）	对比广告主历史其他视频提升比例（整体）	对比广告主历史其他视频提升比例（非明星）	对比广告主历史其他视频提升比例（明星）
播放行为	0秒播放率	23.38%	11.35%	51.60%	34.05%	91.06%	24.21%
	3秒播放率	91.49%	65.35%	163.17%	-1.29%	43.68%	-8.87%
	10秒播放率	220.68%	180.33%	326.45%	4.22%	43.26%	-2.81%
	播放完成率	298.61%	241.40%	460.43%	104.93%	37.27%	135.78%
互动行为	互动率	77.98%	23.95%	614.53%	-56.06%	-87.90%	45.63%
	主动播放率	187.72%	168.23%	246.80%	-61.25%	61.83%	-65.75%

取：5月15至20日全平台品速广告视频时长(60′—90′)

冲刺理论的机制由此得到了验证。代理商在同等能力条件下，激励可以提升 66％的努力！品牌主相比原有机制，能够提升 33.9％的绩效满意！

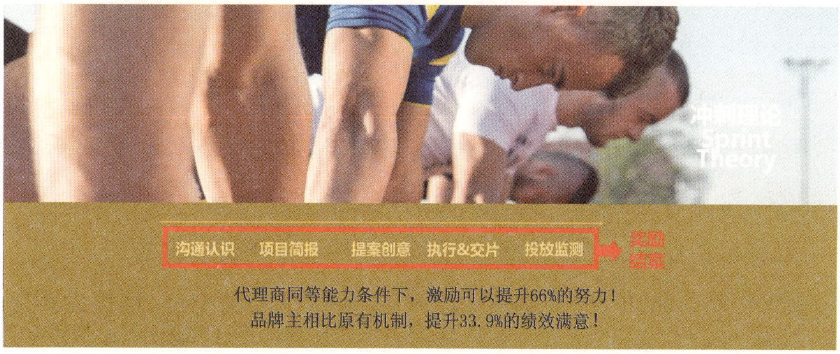

最后，我们感谢金投赏可以联合众多品牌一起推荐“冲刺理论”。

追求更好的创意作品！

为创意人冲刺扫清障碍！

激励创意人去冲锋、去爆发！

2018年6月17日，上海国际电影节上举行了《信任是金2》纪录片的首映式，同时我在现场也首次分享了这个理论成果，取得了热烈的反响。以下是来自我们业界对冲刺理论的评价。

王高，中欧国际工商学院市场营销学教授、副教务长、首席营销官课程(CMO)课程主任：商业创意的冲刺理论是一个有创意的模式设计，可以充分激励乙方发挥想象力和创造力，为甲方交付有客观结果的优秀作品。甲方和参与的乙方都将是赢家！

蒋青云，复旦大学管理学院市场营销系主任：冲刺理论像是比武招亲，在特定的场景下充分激发创意人的硬实力、软实力和巧实力，从而达成双方高水平的融合。

张影，北京大学光华管理学院副院长、营销战略及行为科学教授：无论是创意还是方案，市场是最有价值的评判。金投赏独特地把市场引入到这些传统上认为无法客观评判的对象中来，让营销不再是成本黑洞。

须聪，麦当劳(中国)有限公司首席市场官、副总裁：冲刺理论让人感受到契约精神、专业精神是创意能力之花绽放的土壤！

门继鹏，京东集团副总裁：冲刺理论让创意人回归和聚集创作本身，更为品牌带来商业价值最大化回报！

吴佳蓉，Grey首席创意官：参与冲刺理论实践和验证的每一个尊重创意的品牌方，都终将收获无价的回报。

刘凯杰，AEIOU M&C Saatchi首席创意官：冲刺理论激发人与人之间最高的尊重，让创意人可以全力以赴！

黄光锐，McCann&Spencer首席创意官：在这个百家争鸣的年代，有心人推出冲刺理论非常及时，使业界重整，继往开来。

丁丰，二更董事长：冲刺理论是中国创意领域的一项创新和突破，很幸运我们能参与其中。

顾嘉颖，Jeep克莱斯勒首席营销官：冲刺理论是满满的痛点和干货。

金昱冬，VISA中国区副总经理、市场部总经理：创意的根本是人性。对人性的激发与激励是冲刺的动力。冲刺理论代表的是对人性的洞察。

·附　录·

这里的内容有关金投赏国际创意节商业化的合作模式。作为一个已经运营11年的大型活动，每年有上百个合作伙伴、机构、供应商、媒体参与。构建一个公平、专业、可持续双赢的体系非常重要。为此，我们也在不断探索。分享这些内容，希望抛砖引玉。

附录一　金投赏的合作伙伴

金投赏合作伙伴——五大类、五等级

金投赏的合作伙伴体系具有透明、公平、专业的特点，让所有合作伙伴可以专业、安心、持久地合作。

合作伙伴分为五大类，分别是内容策略伙伴（Strategic Partners）、用户品牌伙伴（Brand Partners）、传播媒体伙伴（Media partners）、权威联盟伙伴（Alliance Partners）和专业体验伙伴（Experience Partners）。这些合作伙伴分为五个等级，分别是钻石级（200万元以上）、白金级（100万元至200万元）、黄金级（50万元至100万元）、白银级（10万元至50万元）和青铜级（5万元至10万元）。

策略伙伴

- 对象：针对数字媒体技术公司，以及各专业领域的代理公司。
- 选择战略伙伴主要聚焦在“内容”上。

作为目前亚洲规模最大的创意节之一，金投赏组委会每年都会在战略伙伴中选择适合业界与平台，具有前瞻性的趋势演讲、案例、评论或者报告，积极地向业界正向传播。

策略伙伴合作权益

合作等级	赞助金额	回报权益						
		创意领袖峰会	颁奖嘉宾	全年 VIP 活动	门票	会刊	logo 列名	资料陈列
钻石合作伙伴	200 万元以上	40 分钟专场	1 名	1 名/场	论坛 * 60～100 元	介绍版面	有	有
白金合作伙伴	100 万～200 万元	40 分钟专场		1 名/场	论坛 * 60～100 元	介绍版面	有	有
黄金合作伙伴	50 万～100 万元	40 分钟专场		1 名/场	论坛 * 60～100 元	介绍版面	有	有
白银合作伙伴	10 万～50 万元				论坛 * 20 元	Logo 陈列	有	
青铜合作伙伴	5 万～10 万元				论坛 * 10 元	Logo 陈列	有	

备注：1. logo 列名，系指合作伙伴 LOGO 在金投赏创意节活动现场背景板、金投赏官方网站以及金投赏创意节会刊的战略伙伴专区列名；列名 logo 不区分等级，以公司名称拼音字母顺序排列；2. 资料陈列，系指合作伙伴的资料（A4 尺寸以内）可在金投赏创意节活动现场资料区陈列；3. 论坛门票具体数量类型以签署合同为准。

品牌伙伴

- 对象:针对品牌主。
- 选择品牌伙伴主要聚焦在“用户”上。

过去几届,每年四天的峰会论坛都有来自全球 7 000 多人、近 2 000 多万人次参与,在线上有超过 1 000 多万的直播量,已经成为行业内最重要的盛会。组委会希望选择和金投赏线下与线上用户精准匹配的品牌,使它成为最前瞻、最具创新人群的可以体验和喜爱的品牌。

品牌伙伴合作权益

合作等级	赞助金额	回报权益							
		金投赏媒体传播资源	黄金合影墙	颁奖嘉宾	全年 VIP 活动	门票（论坛）	会刊	logo 列名	资料陈列
钻石合作伙伴	200 万元以上	有	有	1 名	1 名/场	10	介绍版面	有	有
白金合作伙伴	100 万～200 万元	有	有		1 名/场	8	介绍版面	有	有
黄金合作伙伴	50 万～100 万元				1 名/场	6	介绍版面	有	有
白银合作伙伴	10 万～50 万元				1 名/场	4	介绍版面	有	
青铜合作伙伴	5 万～10 万元					2		有	

备注:1. logo 列名,系指合作伙伴 LOGO 在金投赏创意节活动现场背景版、金投赏官方网站以及金投赏创意节会刊的战略伙伴专区列名;列名 logo 不区分等级,以公司名称拼音字母顺序排列;2. 资料陈列,系指合作伙伴的资料(A4 尺寸以内)可在金投赏创意节活动现场资料区阵列;3. 论坛门票具体数量类型以签署合同为准。

媒体伙伴

● 对象：针对内容创作者、渠道平台者。

● 选择媒体伙伴主要聚焦在“传播”上，分为两类：一是创建传播内容的伙伴，系指文字记者、摄影记者、视频记者、杂志网站的编辑、主编、自媒体的内容创作者等，如院校教授，行业大V。他们会在金投赏国际创意节期间创建很多优秀的传播内容。二是创建传播渠道的伙伴，系指媒体包括电视、杂志、广播、户外、数字媒体，以及自媒体公众账号等。他们会在金投赏国际创意节期间利用其渠道资源来助推金投赏的优秀内容。

媒体伙伴合作权益

合作等级	媒体资源要求	回报权益					
		颁奖嘉宾	VIP晚宴	颁奖典礼	门票（论坛）	logo列名	资料陈列
钻石合作伙伴	200万元以上	1名	1名	4	20	有	有
白金合作伙伴	100万～200万元		1名	2	10	有	有
黄金合作伙伴	50万～100万元			2	8	有	有
白银合作伙伴	10万～50万元			1	5	有	
青铜合作伙伴	5万～10万元				2	有	

备注：1. logo列名，系指合作伙伴LOGO在金投赏创意节活动现场背景板、金投赏官方网站以及金投赏创意节会刊的媒体伙伴专区列名；列名logo不区分等级，以公司名称拼音字母顺序排列；2. 资料陈列，系指合作伙伴的资料（A4尺寸以内）可在金投赏创意节活动现场资料区陈列，但合作伙伴的资料（杂志或其他出版物）上需有金投赏相关报道或金投赏的广告内容；3. 媒体资源以刊例计算，但需经过金投赏组委会评估认定；4. 论坛门票为4日通票。

联盟伙伴

● 对象：全世界的政府相关部门、专业协会、公益组织、专业院校学术机构等。

● 选择联盟伙伴主要聚焦在“权威”性上，分为四类：一是政府相关部门，系指主管品牌、营销、广告、媒体、数字化、产品设计、工业设计以及商业创意和文化创意产业推动的相关政府权威部门或机构。二是专业协会，系指品牌、营销、广告、媒体、数字化、产品设计、工业设计等，在商业创意和文化创意产业领域相关的权威协会组织。三是公益组织，系指用商业创意来推动公益组织发展的权威公益组织。四是院校学术机构，系指对品牌、营销、广告、媒体、数字化、产品设计、工业设计以及商业创意和文化创意产业研究的相关权威院校以及学术机构。

联盟伙伴合作权益

合作等级	回报权益					
	颁奖嘉宾	VIP 晚宴	颁奖典礼	门票(论坛)	logo 列名	资料陈列
钻石合作伙伴	1名	1名	2	6	有	有
白金合作伙伴		1名	2	4	有	
黄金合作伙伴			1	2	有	
白银合作伙伴				2	有	
青铜合作伙伴				1	有	

备注：1. logo 列名，系指合作伙伴 LOGO 在金投赏创意节活动现场背景板、金投赏官方网站以及金投赏创意节会刊的合作伙伴专区列名；列名 logo 不区分等级，以公司名称拼音字母顺序排列；2. 资料陈列，系指合作伙伴的资料(A4 尺寸以内)可在金投赏创意节活动现场资料区陈列，但合作伙伴的资料(杂志或其他出版物)上需有金投赏相关报道或金投赏的广告内容；3. 论坛门票为 4 日通票。

体验伙伴

● 对象：为金投赏国际创意节提供产品或服务的专业公司和机构。

● 选择体验伙伴主要聚焦在“专业”上，分为两类：一是专业服务供应商，系指提供品牌创意、网站设计、数据监测、签到管理、公关服务、海外推广、影视制作、公益服务、社会化传播、DMP服务、接送用车、酒店宾馆等。二是专业产品供应商，系指创意节指定电脑设备、茶水咖啡酒水饮料、礼品等。

体验伙伴合作权益

合作等级	媒体资源要求	回报权益					
		颁奖嘉宾	VIP晚宴	颁奖典礼	门票（论坛）	logo列名	资料陈列
钻石合作伙伴	200万元以上	1名	1名	4	20	有	有
白金合作伙伴	100万～200万元		1名	2	10	有	有
黄金合作伙伴	50万～100万元			2	8	有	有
白银合作伙伴	10万～50万元			1	5	有	
青铜合作伙伴	5万～10万元				2	有	

备注：1. logo列名，系指合作伙伴LOGO在金投赏创意节活动现场背景板、金投赏官方网站以及金投赏创意节会刊的合作伙伴专区列名；列名logo不区分等级，以公司名称拼音字母顺序排列；2. 资料陈列，系指合作伙伴的资料（A4尺寸以内）可在金投赏创意节活动现场资料区陈列，但合作伙伴的资料（杂志或其他出版物）上需有金投赏相关报道或金投赏的广告内容；3. 专业服务折合价值以正常供应商报价计算，但需经过金投赏组委会评估认定；4. 论坛门票为4日通票。

这篇金投赏评审指引，可以让读者了解金投赏的每一位评审是根据什么样的原则和标准来评审的。这也是每一位金投赏的评审，尤其是新加入的评审必须学习的内容。对于任何一个奖项而言，创建这样一个指引是非常有必要的，它将使得评审标准具有持续性和传承性。

附录二 2018金投赏评审指引

金投赏评审指引，不仅能够帮助评委了解金投赏奖项背后的专业和逻辑，而且更重要的是，可以让所有来自不同国家和地区、不同文化背景和经历、不同行业拥有不同经验的评委们，都能够在这份指引的帮助下，共同评审出代表大赛精神的商业创意作品。

金投赏名字的由来

2008年，我在上海创建金投赏商业创意奖，希望有别于当时世界上已有的传统创意奖项，倡导创意，帮助商业成功，用嫫管理的视角去量化创意的贡献和价值。有趣的是，我先给奖项起了一个英文名——ROI Award，ROI是“return on investment”即投资回报率的简写；同时将每一年奖项的颁奖典礼和创意领袖高峰论坛及其他活动组合成一个大型的节庆（Festival），这就是ROI Festival——金投赏国际创意节的由来。

中文名“金投赏”来自ROI的翻译。“金”，是五行之首，代表着最高荣誉；“投”是“投资”的意思，来自ROI的中文翻译；最后一个字用“赏”而非“奖”，因为汉字“奖”和“赏”自古以来就有合成叫“奖赏”的词组，这是一个特别美好的词组。既然“奖”和“赏”都来自中国的传统文化，作为中国文化创意行业中最先锋的力量，我希望在当下奖项云集的环境中，独树一帜地打造出自己的标准和一片天空，所以就选用了这个“赏”字。这就是“金投赏”的由来。

金投赏和商业创意理论的关系

在全球，商业创意（Business Creativity）这个概念最早是由我提出的，我分别于2013年和2015年出版了两本《商业创意》的著作来阐述我对于商业创意的理解。简单地说，商业创意是指可以实现商业价值的创意，通常是由企业或者相关机构推动，通过内部孵化或者外部获取，最终用于实现商业价值。商业创意的目的非常明确，即为了实现商业价值而产生的创意。商业价值不同于市场价值。商业价值是指事物在生产、消费、交易中的经济价值，通常以货币来表示和衡量。

上述理论来源于前六届金投赏案例研究的成果，之后我以每一届金投赏的参赛和获奖作品的数据为依托，通过不断迭代和发展，形成了现在用于商业创意评估的理论模型——ROI Audit，目前已经更新到第四代。2016 年金投赏成立了奖项的学术委员会，不断完善和强化这个评估模型。金投赏之所以能够保持高速成长并能将专业性保持在一个高度，离不开对理论的研究和学术的重视。在高速发展的时代，奖项也需要发展和变化。你能不能敏锐地捕捉到行业的变化？对于新增设立的奖项，规范的、专业的评审标准是什么？这一切都需要理论指导作为发展依据。因此，金投赏在商业创意理论的指导下也成为全球第一个商业创意领域的专业奖项。

金投赏商业创意奖和传统广告设计奖的区别

金投赏的视角和传统广告设计奖不同，因为金投赏并非站在广告创意或者设计的角度看待这些作品，我们认为这些都是商业问题，因此我们站在管理的视角来看待这些作品。管理的视角和局限与广告或者营销的视角相比，更为宽泛。金投赏的参赛作品不仅有市场营销部门的广告类和设计类作品，也有来自研发设计部门和产品设计类作品，这也是金投赏与其他传统广告设计奖项最本质的不同。

在《商业创意Ⅰ》一书中，我将商业创意的产业链定义为：

(1) 商业创意的两大阶段：产品研发设计阶段、产品市场营销阶段。

(2) 商业创意的企业主管部门：研发设计部、市场营销部。

(3) 商业创意的四大环节：功能（产品设计的功能）、体验（产品设计的体验）、内容（产品营销的内容）、通道（产品营销的通道）。

第十届金投赏征集到的作品中，产品设计类作品的比例为 13%，营销创意类作品的比例为87%。

金投赏商业创意奖中产品设计类别和营销创意类别奖项之间的关系

我认为产品设计和营销创意并非孤立的，两者虽然彼此独立并且有很强的专业性，却互相关联。在金投赏历届的作品中，我们发现企业的管理者，往往不局限在营销或者研发上来分配预算，因为它们互相影响。在《商业创意Ⅰ》中，我阐述过以下内容：

商业创意涉及研发设计和市场营销两个部门，应该如何投入更多、更有效的资源让它们产生商业价值？这便涉及产品研发和市场营销之间的关系。企业无论规模多大，其资源都是有限的，分析这两者的关系非常重要。假设研发设计和市场营销这两个部门计划投入的资源相加为1，那该如何投资使之更有效？应该按照什么比例进行分配？不同比例的分配会不会有不一样的结果？答案是肯定的。

举例来说，某制药企业生产出一种能够治疗某种疾病的特效药。当时，市面上只有这种药在生产和出售，没有任何其他竞争对手。这时，病人只有两种选择：接受它的定价买药，或者买不起药，不治疗。很多处在这样阶段的企业，依靠垄断的资源占领市场，在市场上没有竞争对手。如果为这样的企业规划其产品研发和市场营销的资源预算分配，为其未来发展创造更多的收入做规划，那么其产品市场营销几乎不需要投入任何资源，企业可以将所有资源投入到产品的研发设计中去，比如设计不同阶层、不同定价的新药来满足更多消费者的需求。这样的话，这些企业将继续保持增长。但如果有一天这个市场突然被开放了，随着竞争者的加入，这个状况将会改变。当市场上同时有超过两种可以满足病人需求的药时，病人就会开始比较药效和价格。如果药效相同，价格类似，那么产品的市场营销能力就会起到主导作用，所有药厂就会开始比拼市场营销的力度，拼媒体、拼通道、拼促销来吸引顾客。在产品同质化阶段，如果产品的研发投入无法满足消费者的需求，无法起到具有质的变化，那么企业在这个阶段可能会将所有的资源投入到产品的市场营销上。

结论:假如企业关于产品的研发设计和市场营销资源整体为 1 的话,当产品完全垄断市场时,市场营销的支出接近最小值,即 0;当产品处在完全竞争市场时,市场营销的支出接近最大值,即 1。

另外,我们需要站在更宽泛的管理视角来看待研发设计和市场营销的关系。在管理会计中,全部成本(All Costs Incurred)会分为两大部分,一部分是产品成本(Product Costs),一部分是周期成本(Period Costs),相对而言,前者比较固定,根据直接人工、直接材料、制作费用得出成本;后者相对可变且空间较大,除了管理费用外,还有研究开发和市场营销费用。但两者又是一体的,如何量化是一门管理的艺术。著名管理学大师彼得·德鲁克说过一句名言:“企业两个最重要的功能是创新和营销,其他一切都是成本。”创新更多讲的是产品和价值创造,营销讲的是价值交付,而金投赏商业创意奖所评估的就是企业中这两项最重要的能力。

金投赏获奖作品背后的意义

金投赏商业创意奖共设五级,从低到高依次是提名奖、铜奖、银奖、金奖和全场大奖。第十届金投赏共有 558 家公司报送了 3 117 件优秀作品,这些参赛公司既有跨国企业也有本土上市公司,涵盖了大中华地区最具规模和实力的企业;但超过 80%的作品在提名奖层次就会被淘汰,金奖比例只有 1.9%,全场大奖只有 8 个。因此,赢得金投赏,代表着这件作品是非常优秀和出色的,是过去一年中在市场上最成功,ROI 高的商业创意!

金投赏如何定义“好”作品

金投赏是商业创意奖,根据商业创意理论来定义。如前所述,我们认为“好”作品就是“成功”的作品,或者是“ROI 高”的作品。站在管理的视角,“好”作品的核心判定标准是“单位条件下达到目标的效率”!我一直将创意看成手段,而非目的。判断创意是否成功,要看它是否达成商业目标。“单位条件”包括很多因素,如限定的市场、限定的预算、限定的时间周期、限定的人力条件等各种因素。如果在这些条件相同的情况下,不同的创意都达成了商业目标,那么就可以通过它的效率来分出高下,而效率最终是从效果来评估的。其实所有管理的根本问题都是效率的匹配。金投赏作为一个商业创意奖项，其核心是不断发现和推动更高效率的创意来达成商业目标。无论是理论还是实践，提升效率是管理的本质。所以，站在这个角度，称金投赏是一个管理的奖项也是贴切的，因为用创意提升效率、达成商业目标也是管理上非常关注的话题。

金投赏的评审模型是如何评估这些作品的

金投赏评审的宗旨是“还原市场真实环境”。评审团需要在几千个案例中寻找出最成功、出色的好作品，因此，一套完整的评审体系和评审工具非常关键。我创建并发展起来的评审模型 ROI Audit，主要通过“内因”和“外因”两个因素来判断作品达成最终商业目标的效率，如下图所示。

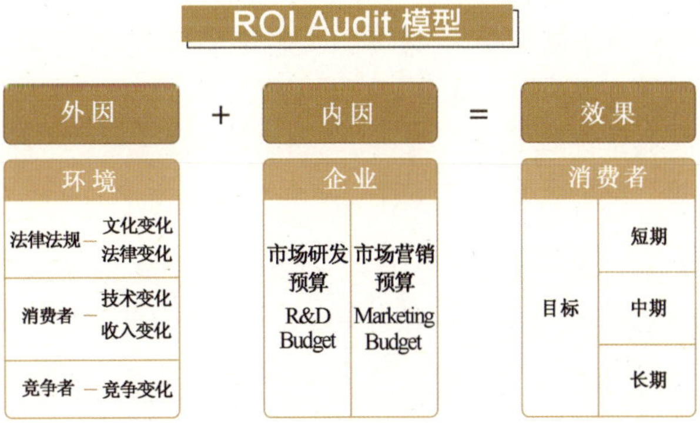

内因主要是指作品本身。我们会要求所有的参赛方递交组委会认为符合规定格式的参赛作品，包括作品的“背景”“目标”“创意”“结果”“分析”等；部分作品还会要求附上说明视频。

外因主要是指市场环境对这个作品的影响，影响因子包括政府的法律法规、消费者的变化、竞争对手等。外因包括的因素和变量太多，无法通过一种固定的模型来评估如此多的变量所带来的影响。我们组建了一个来自不同行业和领域，平均有 20 年以上经验的专家评审团来对外因进行评估，他们对于这些外部因素非常了解，在评审的时候会充分考虑外因的影响。另外，评审团的评委们在现实中也是企业或者代理公司真正的需求方和采购者，这使得他们的视角更接近真实的市场环境。同时，我们也通过不断扩大评委数量来扩大样本数量，以便更有效地降低误差。

金投赏的金、银、铜和提名奖的评审流程

金投赏有三轮评分，最终由金投赏的第三方公证机构 PwC 普华永道来统计评审结果。

第一轮：线上评分。此轮的目的是评出获得提名的前 20%的作品，也就是将 80%不够好的作品淘汰掉。

第二轮：线上评分。此轮的目的是在所有入围的 20%的作品中，通过得分高低，依次分出金、银、铜奖。

第三轮：线下评分。此轮的目的是将第二轮评分相同的作品再次进行评分投票；同时，评审团所有评委到终评会现场，最终核实确认获奖的金、银、铜奖，并由评审主席签字，将最终获奖名单交给 PwC 普华永道封存，评审结果将在两个月后的颁奖典礼上公布。

金投赏全场大奖的评审流程

全场大奖在金、银、铜奖评定后进行，由组委会将每一组得分最高的十件金奖作品列为候选，通过两轮评分投票评出。

第一轮：所有评委仔细讨论这十件作品后进行评分投票，选出得分最高的 3 件作品进入第二轮。

第二轮：所有评委仔细讨论这三件作品后进行评分投票，最终选出最高分的作品为全场大奖。

金投赏的年度大奖是如何产生的

年度大奖由组委会对当届金投赏所有获奖成绩进行统计而得出。组委会将当届金投赏的提名奖、铜奖、银奖、金奖、全场大奖等各项成绩转换成不同等级积分后相加，然后根据不同分类做成排行榜，每一个榜单的冠军就是当年的年度大奖；其意义是反映过去一年中市场上不同领域商业创意的综合实力。

金投赏是否可以通过赞助或者其他合作的方式来获得

Never！过去没有，未来也不会发生。

金投赏评审团是如何为每一件作品评分的

对每一件作品，评审团都是根据以下三个维度进行打分的。

A. 目标与难度：30％

每一件作品和案例必须有其目标。这当中涉及的因素有很多，不同的企业、不同的品牌、不同的阶段、不同的预算，它所面临的挑战是不一样的。这就像跳水比赛，难度系数不同，最后的得分也不同，金投赏的参赛案例也同样如此。一个百万元预算，另一个上亿元预算，这两个类例的目标难度和期望值都会不同；而一个成熟的国际 500 强品牌和一个新设立的品牌，它们在既有消费者心目中的品牌资产和信任度也都是不同的。

B. 创意与执行：30％

作为一个商业创意的奖项，在目标之后就是执行。组委会相信一个好的案例是创意感性和执行理性的结合。如何高效地找到目标受众，让其来体验产品或服务——在这个维度上，评审的核心是看这个作品或案例是否让目标受众能够有非常好的品牌体验。

C. 结果：40％

作为一个商业创意的奖项，组委会非常重视用市场量化创意。此评审标准中的“结果”是对应之前所提出的“目标”而言的。目标并不一定只是短期效果如销量，也可能是中长期的效果如消费者的好感度，也可以是与公益相关的企业社会责任。无论目标如何设定，其最终结果一定要对之前的目标进行匹配，否则就是一个没有完成 ROI 的作品，无法达成其商业目标，自然就无法获得高分。

以上三项，每一项的分值是 1 至 5 分。

- 5 分表示超出预期
- 4 分表示完全达到预期
- 3 分表示基本达到预期

- 2 分表示没有达到预期
- 1 分表示完全没有达到预期

评审团将会从目标与难度、创意与执行以及结果上进行判断，分别给出三个分数。每一件作品的最终得分是 A、B、C 三个分数乘上各自的比例相加后的总分。

A. 目标与难度

如果给出 5 分，说明这件作品从给出的背景和目标来看，其难度在这个市场上超出评委的预期；如果给出 1 分，那说明以评委的经验判断，这件作品在市场上完全没有任何难度即可达成其商业目标。

B. 创意与执行

如果给出 5 分，说明这件作品在整个项目执行中，以评委的经验判断是一个非常棒的过程，品牌体验非常不错；如果给出 3 分，说明这种作品只是基本达到要求，勉强及格。

C. 结果

如果给出 5 分，说明这件作品超出评委的预期；如果给出 1 分，则说明这件作品完全没有达到评委的预期。

评审打分为何用 5 分制，而不用 10 分制或者 100 分制

金投赏在过去的十届中尝试过很多种评分方式，目的是为了追求公平，减少误差。实践中发现：在超过百位评委的评分环境下，用 5 分制（不允许有小数点）打出的分数，比用 10 分制和 100 分制的误差率要小，而且能更精准地反映评审团整体的真实意志。同时，1 至 5 分之间的分值差距也非常完美地体现了我们对期望值管理的过程，从完全没有达到预期到超出期望，都能够很好地得到体现。

金投赏的初评评委选择及其背后的意义

每一位金投赏初评评委都是由金投赏评审团推荐后由组委会确定的。他们作为金投赏评审团终评评委的助手，也是整个评审工作中非常重要的一环。所有初评评委必须和终评评委在同一家公司，而且必须具有丰富的

专业经验,足以担负起帮助评审团做好初评的工作。初评评委参与的是第一轮线上评分。在第一轮评分结束后,通过统计平均分由高到低,80%的作品将被淘汰,只有20%的作品入围进入提名。评审团终评评委将会从第二轮20%的入围作品中进行评分,评出各项等级奖。

这样设计评审机制,目的是为了可以更客观地选出好作品。金投赏的评审阵容是非常专业和强大的,他们绝大多数来自500强的跨国企业,或者是大型的本土上市公司负责市场营销或产品研发的最高决策者,负责公司从几亿元至几十亿元的预算,并领导几十人至几万人的专业团队。但最高管理层的视角一般会偏重战略层面,而真正活跃在市场一线,每天和商业创意打交道的是评审团终评评委的下属们,他们的视角更立足战术层面。所以,选择这些在一线的专业实操人士担任初评工作,可以在第一轮评分中更务实地选出20%的入围作品进入终评审。第二轮评分中,评审团在初评评委选出入围作品的基础上再评出各项等级奖,因而兼顾了战术和战略。现实中,企业对商业创意的采购也往往都需要先基层评估,再由高层决策,这个机制和金投赏的评审宗旨即"还原市场真实环境"也是一致的。

影响评审最终评分的四个因素

金投赏的评审宗旨是"还原市场真实环境",因此组委会尽最大努力来帮助评审还原真实。但实际上,每一件作品也会受到下面情况的局限而影响到最终评分。

第一,作品在真实情况下的实际效果。

参赛金投赏的所有商业创意作品都是在过去一年中真实发生的,因此会有一个真实情况下的效果。

第二,作品在金投赏参赛文件中所表现出来的效果。

为了确保参赛公司都能在同一维度上进行评审,所有参赛公司都必须根据金投赏组委会发布的参赛格式要求以及所定义的奖项分类来报奖。这些参赛文件主要是PPT文档,有个别类别以图片和视频形成的递交,案例类的部分作品还会有辅助说明的视频文件。但是,不同参赛公司对于作品的撰写存在着差异性，文字描述方面如逻辑关系和数据引用，以及在文件中展现的图文设计，包括字体类型、大小、颜色以及图文混排等，都会不同程度地影响最终在参赛文件中所表现出来的效果。

第三，评审根据参赛文件所理解的效果。

据统计，评审团每位评委在每件作品上所停留的时间平均是 3 至 5 分钟。在短短的几分钟时间内，评委会根据自己的经验来理解看到的作品并做出判断；另外，每一位评委的行业背景和经验都各不相同，所以对于相同的作品在理解上会有所不同，这可能导致不同的评分。这也是为何我们需要组织一个大规模、人数超过百位的评审团的原因，希望通过扩大样本从而降低误差。

第四，评审团会对比参考其他参赛作品，最终给予评分。

评审团所有评委评分时，都会去参考其本人给予当届金投赏其他作品的评分，通过对比来确保其评分维持某个基准，以确保评审的公平性和一致性。

评审流程优化

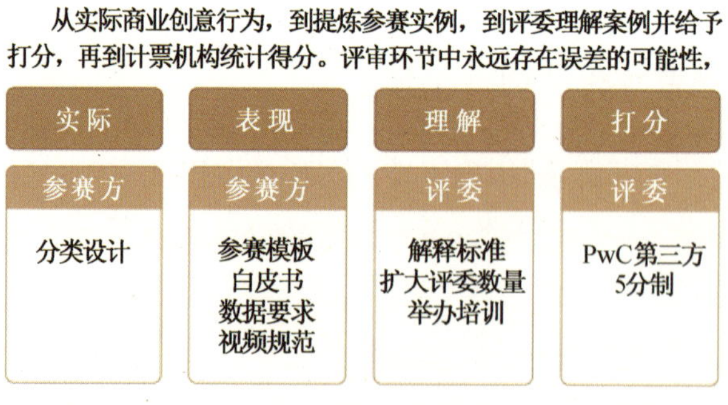

所以，上述四个环节在传递过程中很自然地会产生误差。一件真实情况下实际效果非常好的作品，由于在参赛文件中描述不清楚，就有可能无法让评审团给出相应的好分数；反之，一件真实情况下效果不好的作品，其参赛文件的描述和包装非常棒，并且遇到的评委正巧不是这个领域的，或者即使属于这个领域，但因为他太了解专业反而有着不同的见解，结果可能导致评分出现偏差。金投赏的评审体系在降低这四个环节的误差上作了很多创新，每一个环节都有一些举措来降低误差，如在保持评审专业水准的基础上不断扩大评审团评委数量，就是为了避免由于评审团个别评委的评分偏差而影响到最后的结果。

获奖为何选用“相对法”而不用“绝对法”

相对法是指金投赏会设定一个获奖比例，如金奖比例是在2%以内。我们每一年设立几个金奖，会根据参赛作品的数量变化而变化。如果有3 000件作品就有不超过60个金奖，但如果只有100件作品就只有不超过2个金奖。绝对法是指金投赏会设定奖项的类别，有几个类别就有几个金奖，和参赛作品的数量无关。

选择相对法的目的是为了更好地体现金投赏的评审宗旨即“还原市场真实环境”，因为绝对法有一个弊端，即无法根据市场环境的变化来调节。例如，一个类别如果有3件作品参赛，那么最终的结果可能这三件作品就是金、银、铜奖。而在相对法的标准里，如果金奖比例是2%以内的话，那么没有到50件作品，是不会产生金奖的。当然相对法也有其局限性。一种极端情况是：这50件作品都非常差，但按相对法的规则也必须给出1个金奖；但这种情况在金投赏很难发生，因为每一年参赛金投赏的都是最专业的一线公司，其递交的作品是能够反映这个市场的真实状况的。众所周知，奥运会也会碰到决赛当天因天气发生巨大变化，导致所有运动员中的最好成绩也不如上一届第三名铜牌的情况。这样的情况在奥运会历史上也很常见，但按照奥运会的规则，参赛决赛的前三名依然是冠、亚、季军，因为他们已经是这届中最优秀的了，就算没有打破纪录或者超过上一届的成绩，但它是公平公正的。

是否大预算更容易赢得奖项，小预算更容易做出高回报的案例

来自内地以及香港和台湾的参赛公司常常问道：他们那里的预算和上海、北京的公司无法相比，是不是和上海、北京的公司一起PK会比较吃亏？

上海和北京的一些参赛公司也常常问道：他们的预算规模比较大，一

个 Campaign 要 5 000 万元至 1 亿元人民币，没有办法像那些小预算的 Campaign 那样做出三倍或五倍的回报，如果金投赏看 ROI，他们会不会吃亏？

分析过去三届金投赏获奖作品中有关预算范围和获奖的关系，可以发现：无论大预算还是小预算，跟是否更有优势赢得奖项并没有任何关系。其实，金投赏比的是单位条件下达到目标的效率，评审的评分体系也和预算大小无关。预算高的作品，评审团相对应的期望值也会变高，而小预算也是同样的情况。所以，可以告诉大家：预算和获奖没有任何关系。

金投赏是如何设立和取消奖项的

奖项设立：面对日新月异的发展及顺应创新趋势，金投赏的类别也在不断地延展以适应现今复杂的商业环境。奖项的类别必须符合以下几个原则方可设立。

1. 必须在金投赏评审模型 ROI Auidt 上延展，以保持奖项的一致性。

2. 必须代表企业在商业市场环境中预算投入的趋势和方向。

3. 市场中必须要有足够多的参与者，并且这个行业规模还在不断地增长。组委会不会设立只有一两家公司参与或者绝对垄断或者市场规模非常小的类别，开放性和竞争性是设立奖项新类别的标准。

4. 达成其最终的商业目标是可以被量化评估的。

奖项取消：当以下条件被满足时，组委会就会取消这个奖项类别。

1. 已经不能代表企业在商业市场环境中预算投入的趋势和方向。

2. 市场中已经没有足够多的参与者，并且这个行业规模还在不断地萎缩。每年只有一两家公司参加这个类别，或者连续三年以上没有作品参与此类别。

3. 达到其最终的商业目标是无法被量化评估的。

金投赏长、中、短期效果的定义和分类

从第九届金投赏开始，我们将所有营销类的作品划分为长、中长、短期效果类别，对应了在企业中的预算科目和类别。这样的分类更符合企业的

期望，并且可以更客观公正地选出优秀的作品。在没有分类之前，很多优秀的销售预算作品由于企业的目标是促销，在创意形式表现上会不如一些追求长期效果如公关预算或者 CSR 预算的作品，因此，在以往的几届金投赏中，尤其是在金奖和全场大奖的 PK 中，短期效果的作品会吃亏一些。但是，你会发现市场中很多企业真正的需求是短期效果，它们来自销售预算和促销预算。在金投赏的评审宗旨即“还原市场真实环境”下，我们将这三类期望的预算分开，使得它们的类别彼此独立，这种做法也受到了业界的欢迎。下面是这三个类别的定义。

- 销售预算（短期效果）

这部分预算主要是来自销售部门，也称为促销预算，企业的目标通常是以销售或者转化为主。互联网电商的预算通常也在效果预算的范畴，或者叫短期效果预算。

- 品牌预算（中长期效果）

这部分预算主要是来自企业品牌部门，因此也称为品牌预算，也有公司称之为市场预算，其内部定义是来自市场部预算。无论怎么称呼，企业的目标通常是以建立目标消费者的好感度为主，为了获得更多的曝光和品牌认知度，为企业的品牌进行长期投资。

- 公关预算（长期效果）

公关预算又称为企业传播预算，包括企业自身品牌的传播、企业社会责任 CSR，这部分预算常常会和市场营销活动中的活动公关预算相混淆。在这里，我们主要将它定义在赢得免费媒体报道的部分，线下邀请媒体的发布会、社会化媒体的内容等，也都属于这个范围。

短期、中期、长期效果预算都是相对的概念。不同企业在不同阶段，对于达到目标的时间和速度方面的要求会不同。目前我们称短期效果是指在三个月以内会发生的效果，中期效果在一年以内，而长期效果则在一年以上。

但是，某些行业如网络服务或游戏行业，由于其产品周期的原因，长期效果最多只有 6 个月，而短期效果则从 24 小时到 7 天不等。因此，中长期是相对的概念。

随着技术发展和营销技术的快速迭代，各类营销概念层出不穷。品效合一，即品牌效果融合为一的预算也出现在历史的舞台，其背后的原因是企业对于达到商业目标的效率要求越来越高。

金投赏如何规定评委在评定利益相关公司作品时避嫌

评审避嫌制度在国内外的奖项中都存在，但不同的奖项有不同的做法。历届金投赏在实践中为了追求公平公正也做了很多努力和改进，现在的做法是：在计算评审小组总分的时候，先去掉一个最高分和一个最低分，再计算出平均分。为何最终会选用这个方法？首先要去定义什么是利益相关的公司作品。以下几种情况，一般会被称为利益相关：一是直接相关；即评选的作品是由其他公司递交的自己公司品牌的作品，二是间接相关，即评委评选的作品是由目前有开展业务合作公司所递交的其他公司品牌的作品。

如果只要存在“利益相关”，无论直接和间接都需要避嫌，那么在执行上就很难操作，尤其是金投赏的参赛公司中既有中国的BAT，也有国外的Google和Facebook，它们几乎和所有公司都有合作。如果都避嫌的话，那评审将无法进行。如果我们只回避直接相关作品，那我们如何来证明评审团的评委会公正地给目前有开展业务合作的公司客观的评价？这是我们遇到的第一个问题。

第二个问题，如果评审团在评分时遇到直接相关的作品，因为要避嫌而进行回避，当进行到最后关头的全场大奖的评选时，对于回避公司尤其是不利的和不公平的。每一个评审小组通常由10人以上的评委组成评审团，除了打分之外，在现场终评会上，在评审主席的主持下，所有评委会通过举手表决来表达自己的意愿。在最终的作品投票中，有时候1票之差就是一个等级。比如有10个评委在讨论最后三件作品，其中有两件分别是属于这当中的两位评委，最后发生了以下这种情况：1号作品有9位评委投了6票，其中1位评委回避；2号作品10位评委投了6票；3号作品有9位评委投了5票，其中1位评委回避——从目前的回避制度来看，3号作品就一定没有获奖的机会，但有可能它才是这当中最优秀的作品。

第三个问题是:竞争对手的作品要不要回避?如果评委在评审直接相关作品的时候回避,那在评审直接相关的竞争对手作品的时候,是否也需要回避?就像可口可乐遇到百事可乐,肯德基遇到麦当劳,腾讯遇到阿里——你如何来定义竞争对手?到底是一个还是两个还是全部?又比如Uber和滴滴,在国外它们是竞争关系,但在国内是股东关系,你如何来定义?

第四个问题是避嫌制度执行的表面化。这是一个在中国乃至全世界都会碰到的问题。我参加过多次国内外评审,很多评审回避制度只是一种形式。比如在评审到某位评委他自己的作品时,他会直接说"接下来这件是我自己的作品,我现在要出去一下,请大家帮忙仔细看一下,评好后我再回来"。这反而提醒了现场其他的评委,并给了大家压力。在这种情况下,很多评委会在打分的时候给予人情分。

因此,虽然金投赏在第一届和第二届是有评审避嫌回避制度的,但是从第三届开始至第十届,我们选择了相信我们邀请的评委,为了追求更公正地选出作品,就没有设立表面上肤浅的回避制度。从执行结果看,评审团也确实如我们相信的那样,非常专业、敬业。从第十一届开始,我们会采用去除一个最高分和一个最低分的新制度,更加科学公正地选出优秀作品。去掉一个最高分是把刻意给自己公司作品打高分的可能性去除,而去掉一个最低分则可以防范被竞争对手评为低分的可能性。我们相信这是一个非常好的进步。

关于作品的抄袭、侵权和原创

一直以来抄袭是困扰各大奖项的难题,但其核心在于如何定义抄袭。抄袭和借鉴甚至创新之间的界线有时非常模糊。此外,到底是抄袭还是巧合撞车也无从判断。对于评审中碰到的有关作品涉嫌抄袭,我们会按以下标准进行区分。

第一,已经违法或者侵犯他人的知识产权,并有官方判定。

对于这类作品,组委会具有直接取消其参赛资格以及成绩的权利,并要求收回证书和奖杯。而判断作品是否侵权成立,则以法院、仲裁机构等有执法权的官方组织给出的结论为准。也就是说，金投赏评审团在评审作品过程中只会对专业负责，默认所有递交的作品都是合法作品，同时在没有获得任何证据之前，评审团评委都不能因为怀疑作品的合法性而影响对作品打分。

第二，没有违法或者侵权，或者暂时没有证据来证明其违法或者侵权的作品。

如果评审团认为某作品的风格或者手法或者形式借鉴了其他作品，让评委觉得像抄袭或者直接被定义为抄袭，我们认为这是不严谨和不可取的，因为抄袭通常在汉字里是非常贬义的字眼。既然官方机构没有判定它有任何违法和侵权，评审团也就不能简单地断定作品抄袭。所以，评审团不能因为作品好像抄袭而带有主观偏见地对这件作品打分。如果事后证明该作品是违法或者侵权，组委会将保留取消该作品成绩、收回奖杯的权利。另一方面，我们认为对于这些在风格或者手法或者形式上有所借鉴的作品，核心还是看它在商业上是否成功。如果它在商业上能够获得成功，或者达到其商业目标，那证明在消费者心目中，这就是一个成功的、让他们喜欢的创意，那么评审团还是可以去肯定这类作品的。

最后，我们谈谈对于原创作品的态度。一方面，我们非常重视和鼓励原创，我们认为原创非常重要，在同等条件下，评审团更应该肯定原创的作品。另一方面，我们也要客观地去看待原创。金投赏是一个商业创意奖，所以不要为了原创而去原创，核心还是看作品在商业上是否成功。

关于参赛作品中所引用数据的真实性问题

目前，全世界所有奖项都会面临数据引用的真实性问题，面对成千上万件作品和不同的行业，组委会没有方法和专业能力去一一检查和校验。

我们在历届的实践过程中，推出了很多方法，尽可能地帮助评审团去降低这方面问题的影响，核心办法只有一条，就是尽最大努力去规范数据引用格式，提供确信的数据来源。参赛公司只要在备注中说明数据是公开的上市公司数据，或者是来自市场研究公司的第三方数据，或者是自身平台后台提供的数据，都将被组委会接受。如果只有数据却没有出处，那么评审团将无法判断数据背后所代表的意义和价值，评委就会依靠自身的经验来判断数据的含金量。在最早几届金投赏的作品中，常常出现这样的数据描述，如“销售”增长了多少，“顾客满意度”提升了多少，“好感度”提升了多少，同比或环比增长了多少等，但都没有提到数据引用的来源。

从第八届金投赏开始，对于参赛作品的数据引用新增加了一项规定，组委会在审核参赛作品时，如果发现参赛作品中涉及最终效果的一些关键数据没有说明来源，将会要求参赛公司做出补充。评审过程中，评委也将会以数据引用不规范而扣其0.1分。虽然只是0.1分，但在最后等级奖的竞争中，这0.1分也会起到很关键的作用。此后，每年金投赏的参赛作品有关数据的严谨性得到了很大的提升。

金投赏组委会对待参赛作品中的数据问题持以下态度：

首先，组委会相信参赛公司会诚信真实地报送作品，默认所有作品中的信息都是真实的。

其次，在评审过程中，评审团可以对数据的含金量作出自己的专业判断，并体现在自己给出的评分中，但评审团不可以在没有证据的前提下去怀疑任何参赛公司。

最后，如果作品中有数据造假，并最终被证实，组委会有权取消该作品的获奖成绩、收回奖杯并公告。

关于评审团成员之间讨论要遵守的规范

第一，评委之间互相尊重。

组委会鼓励每一位评委在评审小组中发表自己的观点，我们相信这也是一种评审团评委之间的互相启发；但所有的争论只聚焦在作品本身。在以往的评审中，我们发现有一些特别主导性的评委，在每次评审前都会先说出自己的意见，并且在后面的讨论中固持己见，并不断地影响小组中的其他评委。我们发现也有一些特别低调内敛的评委，偶尔发表自己的观点，但在特别强势的主导性评委面前，不会表现得坚持自己的意见。因此，组委会要求评审主席在评审小组的讨论中打造一个平等公平的讨论氛围，避免出现这两类情况。

第二，开展严谨而负责任的讨论。

评审团评委必须非常严谨，并对自己的言语用词负责。在评审中尤其在投票前，每一位评委讲述的观点都对投票有着非常关键的影响，尤其是对某件作品负面的评价，例如说这件作品可能涉及抄袭、非原创、侵权、飞机稿、市场效果不好等。如果这些评价的论据不严谨，可能会使得一些优秀的作品因为某评委不负责任的言论而遇到不公正的对待。组委会认为这对于参赛者非常不公平。因此，在金投赏评审期间，除非评委有非常确凿的证据，同时又在现场展现给评审团的其他评委，否则任何评委不能在评审会现场发表不负责任的言论。如发生，评审主席有权中止其在现场发言。

第三，评委在评审期间的讨论和投票不可公开。

评审小组和在场的工作人员在未经组委会授权的情况下，不允许将评审团评委的对话，包括互相的观点，对作品的喜好，以及表决的结果告诉任何第三方，包括参赛公司、媒体或者其他人。组委会希望创造一个可以让评审团评委畅所欲言，充分表达自己专业的观点，而又没有任何负担的环境，这有助于评审团公平地选出最好的作品。因为每一位评委都在业界享有盛誉，有着非常广泛的人脉关系，很多参赛公司都有可能与部分评委接触，组委会相信如果这些内容被公开会给评委造成负担。金投赏的第三方计票机构将会留存每一届评审团评委所有的打分底稿，并在评审结束后由评审主席审核签字。组委会安排专人记录整个评审过程，用于存档。

关于全场大奖

全场大奖是每一组评审进行充分讨论，在当组所有金奖作品中最后经投票评出的一个最高奖，它代表了金投赏商业创意奖的最高荣誉。关于全场大奖的选择，需要遵循以下四个要求。

第一，一定是在商业上非常成功的。

作为一直以商业创意著称的金投赏的全场大奖，这个奖项必须是在商业上非常成功的。所有能赢得金投赏金奖的作品，在商业上都是很成功的，都达到了其商业目标。全场大奖在金奖作品中评出，难度和挑战最大，商业结果上也更耀眼。

第二，一定是代表中国特色的。

金投赏目前在规模上已经是亚洲最大的创意奖，每年有三十多个国家和地区的作品参赛。金投赏商业创意奖正在国际舞台上树立起中国商业创意的标准，走出自己的风格和特色，这背后体现着中国文化和行业特点。组委会希望金投赏全场大奖的作品在未来的国际舞台上，是可以和那些国际大奖作品相媲美的。中国特色并不是说在作品中一定要有中国的元素，这样就太狭隘了。相对欧美成熟的国际奖项的获奖作品，金投赏有自己的风格和标准，这可以从几个方面来体现。

其一，一定要遵守中国的法律法规，对于不符合这一要求的作品，组委会肯定不会考虑。作为一个国际性的奖项，组委会持开放的心态，包容来自全世界各地优秀的创意作品，尊重这些作品背后所代表的文化。在金投赏历史上关于“包容和关心同性恋”的作品也曾获过金投赏的银奖，体现了组委会和评审团包容开放的心态。但是金投赏的全场大奖不会接受此类作品。金投赏全场大奖必须遵守中国的法律法规。

其二，一定是引起中国消费者强烈共鸣的作品。能引起中国消费者共鸣的作品一定是非常具有洞察力的，我们相信这种洞察既可以是民族的，也可以是世界的。在金投赏历史上的获奖作品中，既有华夏人寿“寻找身边的抗战老兵”这类引起民族共鸣的洞察，也有宝洁“世界上最好的工作”和“致敬奥运冠军妈妈”这类在全世界引起共鸣的洞察。这些作品获奖的核心是其洞察深深地打动了中国消费者。

其三，它反映了中国现阶段的发展环境和市场竞争。作为一个商业创意奖项，最终是以达到商业目标为核心。来自世界不同国家和地区的作品，由于其所处发展阶段、环境、市场竞争都有非常大的差异，会导致对成功的标准和定义不同。例如在西方成熟市场中，一个新产品能够在两年内占领市场就算成功，但在现阶段的中国市场上，尤其是在高速迭代和竞争的市场条件下，定义一个新产品成功，时间也许只有 6 个月。再举例，很多国外专业人士对于中国发生的大规模“烧钱”打市场和免费补贴战略感到很难理解，认为这是错误的、短视的、不值得鼓励的。但是，很多中国企业尤其是互联网企业，通过这种模式成功变身为独角兽企业，并将很多跨国企业巨头打败了。我们希望这个大奖的背后能够反映出中国当前阶段的发展环境和市场竞争。

第三，一定是积极向上、正能量的。

金投赏的全场大奖一定是积极乐观、正能量的。有的作品和案例也许在商业上非常成功，但依靠的是短期博眼球的做法，甚至利用人性中消极悲观的特性来营销，组委会不鼓励这样的作品。在第十届金投赏国际创意节上，来自宝洁全球品牌官毕瑞哲的观点和我们不谋而合，他提到宝洁的广告必须触动我们的心灵，它深藏创意与责任，让我们感受到真正重要的东西，展现着向上向善的力量。所以，宝洁在广告中不断倡导性别平等，表达对平等职位、平等声音、平等薪酬、平等尊重的追求，共同探讨未来的行动，打造一个更美好的世界。我觉得宝洁所表现的向上向善的观念，和金投赏全场大奖的积极向上、正能量是一致的。宝洁作为一个世界性的跨国企业，要打造一个更美好的“世界”，而金投赏组委会则希望打造一个更美好的“中国”。

第四，一定是代表行业趋势和标杆，能够让业界借鉴的。

曾经金投赏全场大奖的一次 PK 让组委会记忆深刻。16 位评委投票，8 比 8 选中了入围的最后两件非常优秀的作品。一件是一家中国互联网巨头联合一家电视媒体巨头共同打造的整合营销案例，另一件是一个品牌和视频网站共同打造的视频营销案例。最后，后者胜出。评审主席是这样评价的：我们认为这两个作品都非常优秀，但是前者这样的巨头组合，其资源和预算对于所有金投赏的参赛公司无法有太多的借鉴和启发，而后者采用的视频营销却在蓬勃发展，因此我们所有评委最后都将票投给了后者。这为我们形成了一个良好的判例，也将体现组委会的意志——那些来自垄断行业或者超大规模企业及其预算，对于行业的良性发展，提升管理能力和效率并没有借鉴和鼓励的意义。

关于各评审小组要完成的《商业创意趋势报告》

《商业创意趋势报告》自第十届金投赏开始，由评审团全体成员共同完成。这件对行业非常有意义，并承担公益使命的报告，会在每年金投赏国际创意节上推出。它不仅可以让所有参赛公司了解到评审团是如何来评价作品的，也可以让行业从业人员学习到目前业内标杆公司今年做了些什么。这份报告主要由三方面内容组成。

第一，作品的分析和解读。从全体评委的视角来详细分析、介绍本届金投赏参赛作品的整体水准，也会重点描述在本次评审中一些特别的作品，通过正面或者反面分析，阐述评审团如何在专业上对这些作品进行判断和评分。

第二，行业的分析和现状。组委会希望以点带面，通过来自不同行业的作品，由评审团资深专业的评委来总结目前行业中的一些现状和问题，并分析背后的原因。

第三，预判明年行业的发展趋势。对于明年的参赛情况，预判哪种类型的商业创意会成为大家关注的焦点。